기업을 살리는 내부감사 테크닉

감사 혁신, 포렌식이 답이다

기업을 살리는 내부감사 테크닉

감사 혁신, 포렌식이 답이다

초판 1쇄 발행_ 2018년 11월 25일

지은이_ 행복마루컨설팅
펴낸이_ 이성수
편집_ 황영선, 이경은, 이홍우, 이효주
디자인_ 진혜리
마케팅_ 최정환

펴낸곳_ 올림
주소_ 03186 서울시 종로구 새문안로 92 광화문오피시아 1810호
등록_ 2000년 3월 30일 제300-2000-192호(구:제20-183호)
전화_ 02-720-3131
팩스_ 02-6499-0898
이메일_ pom4u@naver.com
홈페이지_ http://cafe.naver.com/ollimbooks

값_ 20,000원
ISBN 979-11-6262-005-2 13320

이 도서의 국립중앙도서관 출판예정도서목록(CIP)은 서지정보유통지원시스템 홈페이지
(http://seoji.nl.go.kr)와 국가자료공동목록시스템(http://www.nl.go.kr/kolisnet)에서
이용하실 수 있습니다.(CIP제어번호 : CIP2018036216)

기 업 을   살 리 는
내 부 감 사   테 크 닉

감사 혁신,
포렌식이
답 이 다

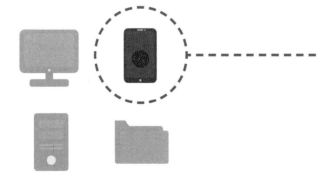

행복마루 7년의 노하우를 공개하며

2011년 8월, 현대카드 정태영 부회장(당시 사장)은 저에게 특별한 부탁을 하였습니다. "임직원의 부정행위를 조사하는 특별한 내부감사 팀을 만들 계획을 가지고 있습니다. 그런데 가만히 생각해보니 회사 내에 팀을 만드는 것보다 외부의 어떤 조직이 이 일을 대행해주면 더 효과적이겠다는 생각을 하게 되었습니다. 저희 현대카드를 위해 부정행위를 조사하는 내부감사 전문회사를 만들어 도와주실 수 있나요?"

당시 저는 고검장을 마지막으로 30년간의 검찰 생활을 마치고 변호사로서 새 출발을 준비하고 있던 때였습니다. 수사는 오래도록 하였지만 내부감사 업무는 생소하였습니다. 선뜻 대답을 하지 못하고 "한번 고민해보겠습니다"라고 대답하였습니다. 자료도 뒤지고 관련자들도 만나보니 '내부감사 전문회사'는 우리나라에서는 매우 낯선 개념이었습니다.

매년 미국의 공인부정조사관협회(ACFE)에서 발간하는 보고서에 따르면 기업에서 매년 부정행위로 인해 발생하는 손실이 총 매출액의 5%라고 합니다. 매출을 1%라도 올리기 위해 기업은 광고도 하고 영업조직도 키우며 갖은 애를 씁니다. 그런데 매출의 5%를 지켜줄 수 있는 감사조직에 대해서는 태무심입니다.

저는 '부정행위 내부감사 전문회사'를 설립하는 것은 기업들을 위해 의미 있는 일이라고 생각하고 정 부회장에게 한번 도전해보겠다고 하였습니다. 그렇게 해서 행복마루컨설팅이 탄생하였습니다. 기업 감사실에서 근무했던 분들은 꽤 있지만 내부감사 전문회사에서 일해본 경력이 있는 분들은 찾기 힘들었습니다.

결국 어떤 분야의 전문가를 뽑아 어떤 훈련을 시킬 것인지는 오롯이 행복마루컨설팅이 스스로 결정하여야 할 사항이었습니다. 행복마루는 수사기관에서 활용하고 있는 '디지털 포렌식' 기법에 주목하였습니다. 모든 데이터가 디지털화하고 있는 환경에서 디지털 데이터에서 의미 있는 부정행위의 단서를 찾아내는 일이 무엇보다 중요하였습니다.

그래서 디지털 포렌식·회계·수사 분야의 전문가를 채용하고 행복마루 나름의 감사 기법을 연구, 발전시켜나갔습니다. 처음에는 시행착

오도 많이 겪었지만 결국 수많은 사례를 조사하면서 하나하나 경험이 축적되고 기법은 점차 고도화되어갔습니다.

물론 기존에도 내부감사 기법이 없었던 것은 아니지만 실무를 하다 보니 기존의 기법으로는 한계를 느끼게 되었고, 행복마루만의 내부감사 기법을 체계화시킬 필요성을 절실히 느끼게 되었습니다. 신입직원이 입사하면 행복마루만의 내부감사 기법을 교육시켜야 했고, 고객사에게도 행복마루의 내부감사 기법이 무엇인지 설명하여야 했습니다.

우리는 지난 7년간 8,500대 이상의 하드디스크를 조사하면서 얻게 된 노하우를 기회 있을 때마다 정리해나가기 시작하였습니다. 강의용 자료·기고문·블로그·내부문서 등 여기저기 우리의 노하우가 기록되기 시작하였고, 이 일에 참여한 많은 임직원의 머릿속에 노하우가 점차 쌓이기 시작하였습니다.

2, 3년 전부터 그 노하우를 책으로 정리하자는 이야기가 행복마루 내부에서 나오기 시작하였고, 외부에서 그 노하우를 공개해 달라는 요구가 많아지기 시작하였습니다. 한편으로는 '그 노하우는 행복마루의 자산인데, 공개하는 것이 과연 적절한가' 하는 의문이 제기되기도 하였습니다. 그러나 내부감사 분야의 발전을 위해 7년간 우리가 고민하

여 얻은 경험과 지혜를 공개하여 더 발전시키는 것이 옳다는 결정을 하였습니다.

이 책은 그 결정의 산물입니다. 저희가 정리한 방법이 최고라고 자부하지 않습니다. 다만 우리는 이렇게 하는 것이 부정행위를 적발하는 데 가장 효과적이라고 생각하면서 그 방법을 다듬어왔습니다. 행복마루 내부에서는 그 기법을 SBA(Scenario-Based Approach)라고 부릅니다. 물론 디지털 포렌식을 기반으로 한 방법론입니다.

이 책은 내부감사 업무를 담당하고 있거나 이를 공부하고자 하는 분들을 위해 만들어졌습니다. 교양도서는 아닙니다. 실무용 서적입니다. 내부감사 업무에 대해 수필이나 칼럼 성격의 책들은 더러 있습니다. 그러나 그런 책을 공부하여서는 실제로 감사 업무를 수행하지 못합니다. 행복마루는 이 책을 집필하면서 실무자를 눈앞에 그리며 써나갔습니다. 내부감사 업무를 수년간 해본 실무자가 느끼는 가려움을 해소해주려 하였습니다. 실무를 해보지 않은 사람이면 절대로 고민하지 못하는 문제들을 같이 고민하고 해법을 찾아보려 하였습니다. 이 책의 집필에 참여한 행복마루 임직원들은 이론가가 아니라 철저히 실무자입니다. 내부감사 서비스로 돈을 버는 사람들입니다. 실제적이라는 말입니다.

이 책은 행복마루가 7년간 습득한 노하우의 기록입니다. 행복마루는 프로젝트가 끝날 때마다 늘 부족함과 아쉬움을 느낍니다. 리뷰를 하여 다음에는 같은 잘못을 되풀이하지 않으려 노력합니다. 그 노력이 쌓이면 내부감사 방법론이 점차 단단해질 것입니다.

이 책이 나오기까지 많은 분들이 수고하였습니다. 전체 기획을 해준 이용훈 상무와 장재혁 이사, 직접 집필을 해준 박명찬 이사, 박재현 이사, 양해원 부장, 이동명 과장, 심재홍 과장, 원고를 꼼꼼히 검토해준 박유진 과장, 그리고 흔쾌히 출간을 맡아준 올림의 이성수 대표 등의 노력이 없었으면 이 책은 햇빛을 보기 어려웠을 것입니다. 모든 분들께 감사드립니다.

행복마루를 대표하여

조근호

차례

3장 디지털 증거 수집 및 분석 실무

4장 감사 사례 스터디

5장 면담 기법

6장 포렌식의 현재와 미래

제 1 장

포렌식, 이제는 선택이 아닌 필수

감사 혁신,
포렌식이 답이다

제1절
포렌식의 정의

포렌식의 개념

포렌식(Forensic)이란 용어는 고대 로마시대의 포럼(Forum)이라는 라틴어에서 유래하였으며, 사전적 의미는 '법의학적인, 범죄 과학수사의, 법정의, 재판에 관한'이라는 의미를 가지고 있다. 요즘 각종 범죄 수사 드라마에 빠지지 않고 등장하는 국립과학수사연구원(National Forensic Service)의 활약상을 통해 우리는 전통적인 포렌식의 개념을 이해할 수 있다. 국립과학수사연구원은 범죄 수사 현장에서 혈액, 모발, 손톱, CCTV 등 다양한 증거물을 확보한 후 이를 과학적으로 감정하여 범인 검거에 결정적 단서를 제공하는 활동을 한다. 한편, 디지털 포렌식은 컴퓨터 등 전자매체로부터 수집된 증거를 분석하고 디지털 데이터가 법적 효력을 갖도록 하는 기술을 의미한다. 디지털 포렌식이란 용어는 1991년 미국 포틀랜드의 국제컴퓨터수사전문가협회(International Association of Computer Investigative Specialists)가 개설한 교육 과정에서 처음 사용하면서 널리 알려지게 되었다. 프랑스의 범죄학자 에드몽 로카르는 "모든 접촉은 흔적을 남긴다"고 말했다. 우리는 로카르가 활동하던 당시에는 상상도 할 수 없었던 디지털화된 세상에 살고 있다. 그러나 살인과 방화 등 역사가 오랜 여러 범죄가 수사 현장에 단서를 남기듯 디지털 시대에도 인간의 범죄는 여전히 어딘가에 반드시 그 흔적을 남기게 마련이다. 다만 흔적을 남기는 장소가 범죄 수사 현장에서 컴퓨터와 스마트폰 등 전자매체로 확대되었을 뿐이다. 그러므로 디지털 포렌식은 본질적으로 포렌식에 포함되는 개념으로 볼 수 있다. 이 책에서는 디지털 포렌식을 이용한 정보의 수집 및 분석을 설명하는 과정에서 포렌식이란 용어를 사용하도록 하겠다.

외부감사 vs 내부감사[*]

초창기 외부감사는 횡령 등의 부정을 적발하는 것이 주된 목적이었다. 즉, 주인의 재산을 종업원이 훔치는 것을 막는 것이 주요 목표였다. 그러나 20세기 초부터 미국 등 선진국의 자본시장이 대규모로 발달하면서 점차 기업의 소유와 경영이 분리되기 시작함에 따라 분식회계가 새로운 사회적 이슈가 되었다. 이로 인해 외부감사의 초점은 자

---

[*] 포렌식 탐정의 화이트칼라 범죄 제거 전략[최영곤, 지현미, 2016 교육과학사]

[그림] 포렌식 내부감사인이 디지털 정보를 수집한 후 분석하는 모습

연스레 재무제표의 신뢰성을 검증하는 방향으로 바뀌었다. 우리나라의 경우 '주식회사의 외부감사에 관한 법률'에 따라 일정 규모 이상의 기업은 재무제표의 신뢰성을 회계법인에 검토받은 후 금융감독원 전자공시시스템을 통해 외부에 공개하고 있다. 한편, 내부감사는 사내 비리를 적발하는 활동으로 시작해서 오늘날에는 기업의 사회적 책임 및 윤리경영을 실천하기 위한 임직원들의 자발적 활동으로 범위가 확대되고 있다. 외부감사의 변천사에서 알 수 있듯 외부감사와 내부감사는 같은 뿌리에서 출발하였다. 그래서 외부감사와 내부감사는 상호 보완적 요소를 갖고 있다. 외부감사를 통해 적발된 재무정보의 왜곡이 임직원의 부정행위에 대한 단서를 제공해줄 수 있고, 내부감사 활동을 통해 기업의 통제 절차가 준수되는 환경에서 산출된 재무정보는 내부감사 활동이 없는 기업에 비해 상대적으로 신뢰성이 높다. 그럼에도 불구하고 외부감사와 내부감사는 주된 목적의 차이로 인해 서로 완전하게 대체될 수 없다. 2016년 신문 1면을 가득 채운 대우조선해양의

회계 스캔들을 보면 기업의 고의적인 분식회계 이면에는 특정 인물의 범죄행위가 동시에 존재한다는 사실을 알 수 있다. 이는 기존의 외부감사가 지니고 있는 한계점을 드러낸 사건이었다.

최근의 감사 환경에서는 부정 적발 감사의 중요성이 다시 부각되고 있다. 국내에서는 대우조선해양 사건을 계기로 수주산업 외부감사인이 기업의 중요 위험을 감사보고서에 서술하는 핵심감사제가 도입되었다. 2017년에는 핵심감사제 시행 대상이 전체 상장기업으로 확대되는 등 부정에 대한 외부감사인의 책임은 더욱 커져가는 추세다. 외부감사는 주로 기업이 제공하는 정보에 대한 검증을 수행한다. 반면 내부감사는 기업 또는 임직원이 은폐하려는 정보를 적발하는 과정이다. 실제 부정을 적발하기 위한 목적으로 수행한 내부감사에서 다양한 분식회계를 발견한 경험이 있다. 기업에서 일어나는 부정행위의 상당수는 필연적으로 재무제표의 왜곡을 가져온다. 따라서 부정행위를 통해 파생되는 효과를 분석하다 보면 자연스레 분식회계 또는 탈세 등 위법행위를 입증할 수 있다.

최근 감사 환경의 변화와 함께 부정행위 적발을 위한 내부감사의 중요성이 더욱 강조되는 사회적 분위기는 내부감사 업무를 수행하는 많은 사람들에게 매우 고무적인 현상이다.

내부감사에서 포렌식의 의미는?

앞에서 우리는 포렌식의 일반적 정의 및 외부감사와 내부감사의 차이점에 대해 알아보았다. 그렇다면 범위를 좁혀 내부감사 안에서 포렌식 활용이 가지는 의미는 무엇일까?

이를 이해하기 위해서는 수사(搜査)의 기본개념을 알아야 한다. 수사는 범죄가 발생하였거나 발생한 것으로 생각되는 경우에 범죄의 혐의 유무를 밝히기 위하여 범인과 증거를 찾고 수집하는 활동이다. 수사는 신고수사와 인지수사로 구분된다. 신고수사는 내부감사에서 제보를 받아 조사하는 과정과 비슷하다. 반면, 인지수사는 수사기관이 능동적으로 범죄의 단서를 찾아 조사하는 것이다. 인지수사는 내부감사에서 정기적으로 또는 수시로 수행하는 자체감사 활동과 비슷하다. 그러나 수사기관에 비해 내부감사조직은 정보 수집에 많은 제약이 있다. 이로 인해 내부감사조직은 주도적인 내부감사 활동의 출발선에서 한계에 부닥친다. 내부감사의 한계를 극복하기 위한 많은 대안이 있을 것이다. 그중 경험적으로 효과에 대한 확신을 얻은 포렌식 기법의 도입은 다음과 같은 해결책을 제시해줄 수 있다.

첫째, 사전(事前)에 부정 징후를 인지할 수 있다. 포렌식은 특정 인물 및 행위에 대한 사전 정보가 없는 경우에도 대량의 디지털 정보 수집 및 신속한 분석을 통해 제보에 준하는 부정 징후를 포착하는 데 유용한 도구다. 비유하자면 포렌식은 건강검진과 비슷하다. 정기적으로 혈액검사와 내시경검사를 통해 질병의 유무를 알아내듯 포렌식 내부감사인은 기업의 디지털 정보를 검사한다. 발견된 이상 부위에 대해서는 정밀 조사 및 치료가 이루어진다거나, 조기에 발견하지 못하면 완치가 어렵다는 점에서도 포렌식을 활용한 내부감사와 건강검진은 상당히 유사하다고 할 수 있다.

둘째, 조사 목적에 부합하는 단서 및 증거 확보에 용이하다. 포렌식 내부감사를 수행할 때, 방대한 데이터 정보 중 정형화되고 일반화된 자료보다 우선적으로 비정형데이터를 선별하는 데 주력한다. 피조사인이 알리고 싶지 않거나 고의로 은폐한 정보가 내부감사 목적으로는 유용하기 때문이다. 동굴 앞에 서 있는 당신을 상상해보자. 당신은 정해진 시간 안에 아무런 도구 없이 동굴의 반대편 출구로 나가는 미션을 수행해야 한다. 동굴은 너무 컴컴해서 아무것도 보이지 않고, 심지어 동굴 중간중간 갈림길이 있다면 과연 미션에 성공할 수 있을까? 포렌식은 동굴 미션에서 손전등과 같은 역할을 한다. 모든 조건이 동등하다는 전제하에 손전등이 없는 사람과 있는 사람을 비교하자면 후자가 훨씬 유리하다는 사실에는 이견이 없을 것이다.

앞에서 언급한 포렌식의 2가지 강점이 실제 내부감사에서 어떻게 효과적으로 작동하는지는 이 책의 제4장에서 구체적인 사례와 함께 상세히 설명하도록 하겠다.

제 2 절
포렌식의 중요성

컴퓨터 등의 디지털 기기가 일반화됨에 따라 현대인의 일상생활과 업무 환경에 많은 변화가 생겼다. 여가활동이나 사회적 소통 등 현대인의 일상생활 대부분은 이제 디지털 기기를 떼어놓고는 생각하기 어려울 정도다. 컴퓨터·스마트폰·태블릿 PC 등 디지털 기기로 일정을 확인하며 하루를 시작하고, 친구나 직장 동료들과 대화하며, 업무나 생활에 필요한 정보를 검색하기도 한다. 이러한 사회 환경의 변화로 각종 디지털 기기에는 개인의 일상을 파악하는 데 도움이 될 만한 수많은 기록이 남아 있으며, 사건·사고, 분쟁, 소송 진행 과정 중 디지털 기기 내에서 관련 정보 및 흔적을 얻으려는 수요가 갈수록 증가하고 있다. 이제 범죄 수사, 내부감사, 관리 감독 활동 등에서 디지털 기기의 각종 데이터를 과학적으로 조사하여 분석하는 디지털 포렌식 기술의 활용은 필수다.

실시간 검색어에 등장한 포렌식

2016년 10월 24일, JTBC는 최순실 씨의 사무실에 있던 태블릿 PC를 입수했으며, 그 안에 든 파일 200여 개 중 대부분이 청와대 관련 문건이며 태블릿 PC에서 최씨가 대통령 연설 전에 연설문을 미리 받아보고 수정한 정황을 발견하였다고 보도하였다. 이와 같은 보도는 최순실 씨 관련 개인비리 혐의가 박근혜 정부의 최순실게이트로 연결되는 단초가 되었으며, 최순실 씨와 관련한 여러 의혹에 대한 박근혜 전 대통령의 대국민 사과 담화와 촛불집회로 이어지는 계기가 되었다.

이후 진행된 최순실게이트 관련 재판에서도 태블릿 PC의 디지털 포렌식 결과가 쟁점화되었다. 최순실 씨는 2017년 11월 9일 서울중앙지법 대법정에서 진행된 재판에서 태블릿 PC는 자신 소유가 아니며 사용할 줄도 모른다고 주장했다. 일부 언론에서는 포렌식 보고서를 근거로 태블릿 PC 조작설을 주장하였다.*

검찰은 태블릿 PC 포렌식을 통해 태블릿 PC의 위치정보, 국제전화 로밍 안내 문자, 외교부 영사 콜센터 안내 문자 등과 최 씨의 출입국 기록을 대조하여 최 씨와 태블릿 PC의 동선이 일치하는 것을 확인하였다. 태블릿 PC에 청와대 문서가 저장된 시점과 청와대 문건의 수정사항을 메일 또는 문자 메시지로 통지한 사실도 확인하였다. 또한, 국립과학수사연구원에 태블릿 PC에 대한 감정을 의뢰하여 태블릿 PC에 대해 수정이나 조작 흔적이 없다는 결과보고서를 재판부에

---

* 월간조선 [지상중계] 이른바 '최순실 태블릿PC' 실물 9일 법정서 첫 공개... 2017. 11. 09.

최순실 PC 파일 입수…
대통령 연설 전 연설문 받았다

(중략)…JTBC 취재팀은 최순실 씨의 컴퓨터 파일을 입수해서 분석했습니다. 최 씨가 대통령 연설문을 받아봤다는 사실을 확인할 수 있었습니다. 그런데 최 씨가 연설문 44개를 파일 형태로 받은 시점은 모두 대통령이 연설을 하기 이전이었습니다……(중략)

최순실 씨 사무실에 있던 PC에 저장된 파일들입니다. 각종 문서로 가득합니다. 파일은 모두 200여 개에 이릅니다. 그런데 최 씨가 보관 중인 파일의 대부분이 청와대와 관련된 내용이었습니다. 취재팀은 특히 "최 씨가 대통령 연설문을 수정했다"는 최 씨의 측근 고영태 씨의 진술과 관련해 연설문에 주목했습니다.

최 씨가 갖고 있던 연설문 또는 공식 발언 형태의 파일은 모두 44개였습니다. 대선 후보 시절 박 대통령의 유세문을 비롯해 대통령 취임 후 연설문들이 들어 있었습니다. 그런데 최 씨가 이 문건을 받아 열어본 시점은 대통령이 실제 발언했던 것보다 길게는 사흘이나 앞섰습니다.

상당수 대통령 연설문이 사전에 청와대 내부에서도 공유되지 않는다는 점을 감안하면 연설문이 사전에 청와대와 무관한 최 씨에게 전달됐다는 사실은 이른바 '비선실세' 논란과 관련해서 큰 파장을 낳을 것으로 보입니다.(JTBC 2016. 10. 24)

제출하였다.*,**

지금까지 일련의 최순실게이트 진행상황을 볼 때 태블릿 PC에 대한 디지털 포렌식의 활용은 의혹만 무성하였던 사건의 실체를 더욱 명확히 확인하는 계기가 되었다. 또한, 포렌식 결과에 대하여 관계인들이 적절한 해석을 하지 못한다면 소모적 논쟁이 생길 수 있다는 것을 알게 되었다. 앞으로도 포렌식은 사건이나 사태의 진실을 밝혀내는 데 중요한 역할을 맡게 될 것이며, 이에 따라 언론이나 법정에 지금보다 더 자주 등장하게 될 것이다. 따라서 포렌식이 무엇인지, 포렌식을 활용하면 어떠한 이점이 있는지 관심을 갖고 살펴볼 가치가 있다.

범죄의 재구성 – 포렌식

2014년 11월 삼성그룹과 한화그룹 간에 방위산업과 석유화학부문 4개 계열사의 빅딜이 있었다. 삼성그룹의 방위산업부문인 삼성테크윈·삼성탈레스와 석유화학부문인 삼성종합화학·삼성토탈을 한화그룹에 넘기는 초대형 양수도 계약이었다.

이 소식이 발표되기 1주일 전에 삼성테크윈에 대한 공매도 물량이 급증하였고, 2014년 11월 26일 주가가 하한가로 직행하였다. 이에 금융당국은 삼성그룹 계열사 고위 임원진에 대해 미공개 정보를 활용한 불공정 주식거래 혐의 조사에 착수하였다. 금융당국은 디지털 포렌식

---

* 중앙일보 [전문] '최순실 국정 농단 사건' 수사 결과 발표… 검찰-기자단 간담회 2016. 12. 11.

** 한국일보 檢 "태블릿 주인 최순실, 셀카 가족사진 촬영…국과수 확인" 2017. 11. 28.

기법을 이용하여 조사대상자의 디지털 기기에 남아 있는 통화 기록, 이메일 접속 기록 등의 데이터를 복구, 분석하여 비공개 정보가 어떻게 흘러갔는지, 그리고 그것이 어떻게 활용됐는지 관련 증거를 확보하였다.

위의 사례와 같이 포렌식의 활용은 특정 사안에 대해 더욱 다양한 접근을 가능하게 함으로써 사안의 실체를 명확히 인지하도록 도와준다. 포렌식은 이와 같은 이유로 내부감사 업무에도 유용하다. 자금 횡령, 분식회계, 향응 제공, 입찰비리 등 내부감사인의 부정 적발 업무의 효율성을 높여줄 뿐만 아니라 내부감사인이 특정 사안을 더욱 깊이 파악할 수 있게 함으로써 부정의 예방, 프로세스 개선, 경영 컨설팅 활동에도 많은 도움을 줄 수 있다.

삼성테크윈 전·현직 임원 4명 고발...
삼성–한화 빅딜정보 부당이용

미공개 정보(주가에 큰 영향을 끼칠 만하지만 대중에 공개되지 않은 정보)를 이용해 부당이득을 취한 상장사 임원이 고발됐다. 금융위원회 증권선물위원회(이하 증선위)는 12일 제14차 정례회의를 열고 공개되지 않은 계열사 매각 정보를 이용해 부당 이익을 챙긴 삼성테크윈(한화테크윈 전신) 전·현직 임직원 4명을 고발키로 했다고 밝혔다.

증선위에 따르면 삼성테크윈 기획·총괄부서 상무 A와 부장 B는 자사가 한화에 매각된다는 정보를 알게 됐다. 삼성테크윈 주가는 하락하고 한화 계열사 주가는 오를 것으로 예상됐다. 이에 A와 B는 이

정보가 공개되기 전 차명계좌 등으로 삼성테크윈 보유 주식을 모두 처분하고 한화그룹 계열사 주식을 매수했다. B는 삼성테크윈 전 대표이사 C, 전무 D, 상무 E 등 3명에게 매각사실을 알려 주식 매도를 권했다. 3명은 보유 주식 전량을 팔아 손실을 회피했다. 이 중 삼성테크윈 상무는 자기 동생에게도 삼성테크윈 주식을 매도케 했다. A 역시 차명계좌 명의인 F에게 매각 정보를 전달했다. 이 사람은 한화그룹 계열사 주식을 매수했다.

이번 혐의 관련자의 총 손실회피 금액은 9억 3,500만원이다. A는 미공개정보 이용금지 위반 외에도 총 7회 소유주식 보고의무를 이행하지 않았다. 이에 증선위는 A, B, C, D 등 4명을 고발 조치했다. E와 F는 2차정보 수령자(1차정보 수령자로부터 정보를 취득한 사람)로 형사처벌이 불가하거나 부당이득금액 수준 등을 고려해 고발 대상에서 제외됐다. 금융위 관계자는 "이번 건은 불공정거래 조사 사상 최초로 디지털 포렌식(Digital Forensic) 기법을 이용해 미공개정보 전달 과정을 입증한 사건"이라고 말했다. 디지털 포렌식은 디지털 기기에 남아있는 통화 기록, 이메일 접속 기록 등 데이터를 복구·분석해 혐의 관련 증거를 확보하는 첨단 조사기법이다. 금융위 관계자는 "내부자와 1차 정보수령자(직접 정보를 취득한 사람)가 미공개정보를 이용해 주식을 매매하거나 제3자에게 이용하게 할 경우 형사처벌 받을 수 있다"며 "지난달부터는 형사처벌에서 제외됐던 2차 이상 정보수령자도 시장질서 교란행위로 과징금을 부과받을 수 있으므로 투자자의 각별한 주의가 필요하다"고 말했다.(시사저널, 2015. 08. 12)

난제 해결사 - 포렌식

미국에서 비교적 규모가 큰 포렌식 감사인집단은 국세청(IRS)·연방 수사국(FBI)·감사원(GAO)·증권거래위원회(SEC)와 같은 연방정부의 감사 및 수사기관이다. 이들 포렌식 감사 조직은 미국 내에서 벌어지는 각종 금융기관의 범죄, 법인의 비리, 보험 관련 범죄, 시장조작, 돈세탁, 횡령 등 시장을 교란하거나 국가경제를 해치는 정교하고 복잡한 비리 사건을 조사 또는 적발하는 업무를 수행하고 있다.

금융시장은 다양한 금융상품의 출현과 컴퓨터 기술의 발달로 점점 복잡해져가고 있다. 아래에 소개되어 있는 2010년 미국 다우존스지수 폭락 사건처럼 고도화된 금융범죄의 경우 그 실체를 밝혀내기가 어렵다. 이와 같은 복잡한 금융환경에서 포렌식의 활용은 사건을 해결하는 강력한 수단이 된다.

비단 금융 관련 범죄에서만 포렌식이 유용하게 활용되는 것은 아니다. 기업의 경영 환경 및 조직, 역할도 과거보다 복잡하고 고도화되고 있다. 이러한 환경에서 내부감사 업무를 효율적으로 수행하는 데 디지털 자료를 수집, 분석하는 포렌식의 활용이 큰 도움이 될 것이다.

2010년 다우 '순간 폭락'
5년 만에 주범 잡았다

英 선물트레이더 사라오, '레이어링' 수법 통해 5분만에 700P 추락시켜 88만弗 부당이익 챙겨… 지난 2005년 5월 미국 뉴욕증시의 '플래시 크래시(flash crash·순간 폭락)'를 촉발해 글로벌 투자가들을 공포에 빠뜨린 주범 중 한 명이 붙잡혔다.

21일(현지시간) 로이터 등 외신들은 영국 사법당국이 영국인 초단타 선물 트레이더인 나빈더 싱 사라오(36)를 시세조작 등의 혐의로 체포했다고 보도했다. 미 법무부는 지난 2월 사라오를 플래시 크래시의 범인으로 지목한 뒤 그를 미국으로 송환하라고 요구해놓은 상태다. 2010년 5월6일 유럽 재정위기 우려로 300포인트가량 하락하던 다우존스 산업평균지수는 5분 만에 무려 999.5포인트까지 순간 폭락해 미국은 물론 전 세계 증시를 대혼란에 빠뜨렸다. 순식간에 증발한 시가총액 규모는 1조달러에 달했다. 다우지수는 낙폭을 347포인트까지 줄인 채 마감했지만 이날 장중 하락폭은 월가 역사상 최대치로 기록됐다.

런던 교외의 한 사무실에 선물회사를 차린 사라오는 불법 초단타 매매인 '스푸핑(spoofing)' 수법의 일종으로 각각 다른 가격대에 대규모 매도주문을 쏟아내는 '레이어링(layering)'을 통해 주가를 크게 떨어뜨렸다. 이후 주문을 취소하고 낮은 가격에 주식을 사들여 당일에만도 87만9,000만달러의 순이익을 냈다. 그는 2010년 4월부터 2014년 4월까지 텔레뱅킹 금융사기, 원자재 시세조작 등 총 22건의 불법거래로 총 4,000만달러를 챙긴 혐의도 받고 있다.

블룸버그는 미 규제당국 관계자의 발언을 인용해 "2010년 순간 폭락은 미 캔자스주에 위치한 와델&리드파이낸셜이 주도했다"면서도 "사라오가 단독범행을 저지르지는 않았지만 최소한 당시 시장 혼란에 막대한 책임이 있다"고 전했다. 미 상품선물거래위원회(CFTC)는 사라오의 자산과 계좌에서 700만달러 정도를 동결해놓았다.(서울경제 2015. 04. 22)

감사 혁신.
포렌식이 답이다

내부감사 환경에서
포렌식 활용이 갖는 의미

우리는 1절에서 포렌식의 개념에 대해 알아보았다. 포렌식은 컴퓨터 등 전자매체로부터 수집된 증거를 분석하고 부정행위에 대한 증거를 획득하는 과정이다. 그리고 2절에서는 사회적으로 큰 이슈가 되었던 사건을 소개했다. 이를 통해 포렌식을 활용한 수사기법이 법치국가의 존립에 상당한 기여를 하고 있다는 사실을 알 수 있었다. 이번 절에서는 범위를 좁혀 내부감사에서 포렌식이 어떤 활용가치가 있는지 세부적으로 살펴보도록 하겠다.

내부감사 업무 성격의 변화

기업의 내부감사 업무는 수행 형태에 따라 일상감사, 종합감사, 특별감사로 분류할 수 있다. 일상감사는 중요한 서류의 최종 승인 전 감사부서의 검토 및 의견을 받는 절차다. 종합감사는 사업장 단위를 대상으로 정기적으로 실시하는 감사다. 마지막으로 특별감사는 감사가 필요하다고 인정되거나 대표이사 등의 요청이 있을 때 수시로 실시하는 감사다.

내부감사에서 포렌식 감사기법이 주로 활용될 수 있는 분야는 종합감사 및 특별감사다. 전통적 감사 접근 방법은 사후적 성격이 강하다. 내부감사에서 사후적 성격이란 바꾸어 말하면 수동적 성격이다.

그렇다면 어떻게 내부감사를 능동적 성격으로 바꿀 수 있을까? 이를 위해서는 적합한 종합감사 또는 특별감사 대상을 선정할 수 있어야 한다. 하지만 사전정보의 수집 경로가 감사인의 직감, 정형화된 회사 문서, 내부고발 등으로 제한적이다. 감사조직은 기업의 데이터에 접근이 용이한 편이다. 그럼에도 대량의 데이터를 분석할 마땅한 도구가 없기 때문에 데이터 활용을 망설이게 된다. 포렌식을 활용하는 경우 대량의 파일도 인덱싱 작업을 거쳐 신속하게 분석할 수 있다. 인덱싱이란 수집한 자료를 실시간으로 '키워드 검색'이 가능한 상태로 변환하는 작업이다. 키워드 검색을 통해 조사를 수행해야 될 부서 또는 인원 등을 선별할 수 있다. 이는 통상적으로 내부자의 고발이 있는 경우에만 특별감사를 수행하던 수동적 방식에서, 내부자의 직접적 고발에 준하는 내용을 사전 탐지하는 능동적 방식으로의 전환이라고 할 수 있다. 또한 이러한 접근 방식은 종합감사에서도 동일하게 효율성과 효과성을 높일 수 있다.

우리나라 기업들은 상법상 형식적인 감사조직부터 대표이사 직속 부서에 이르기까지 다양한 형태로 구성되어 있다. 과거의 감사조직은 거래상 문제점 발견 및 상호 견제 기능이 중시되는 측면이 강했다면, 앞으로 요구되는 감사조직의 역할은 경영진의 의사결정을 위한 효과적인 자가진단 및 지원의 측면이 강조될 것이다. 이러한 환경 변화에 대처하는 방법 중 하나로 포렌식을 감사의 도구로 활용하는 것은 이미 전통적 기법에 능한 감사조직의 역량을 한층 강화시킬 수 있는 유용한 수단이 될 것이다.

새로운 것을 본다(효과성)

기업의 데이터는 크게 정형데이터와 비정형데이터로 구분된다. 정형데이터란 기업의 각 부서에서 업무목적상 일반적으로 생성하는 파일이다. 비정형데이터는 그림·사진·동영상·이메일·메신저·삭제 파일 등 정형데이터를 제외한 모든 형태의 자료를 의미한다. 최순실 태블릿 PC에서 발견된 독일 드레스덴 연설문 초안, 대통령의 미공개 저도 휴가 사진이 비정형데이터 사례다.

일반적으로 내부감사를 진행할 때 품의서·계약서·전산자료 등을 분석하는 데 많은 시간을 할애하게 된다. 이런 형태의 자료는 정형데이터에 해당한다. 즉, 조사자의 관점에서 문제점을 쉽게 간파하기 힘든, 정상적으로 보이는 데이터다. 여기에 많은 시간을 할애할 경우 투입시간 대비 큰 성과를 만들어내기가 상당히 어렵다. 포렌식을 이용해서 내부감사를 수행할 때 조사자는 상당한 시간을 비정형데이터 분석에 할애한다. 가령, 특정 임원이 협력업체로부터 제품을 비싸게 구매하도록 하고 그에 따른 대가를 수령한 것으로 의심되는 상황을 조사한다고 상상해보자. 어떻게 접근할 것인가? 이에 대한 접근은 크게 두가지로 볼 수 있다. 해당 임원 및 주변인 면담을 통해 정황증거를 확보하거나, 혹은 협력업체 선정 관련 자료(견적서, 평가서, 계약서)를 입수하여 분석하는 방법이 있다. 후자는 포렌식이 강조되는 접근방법이다. 조사인의 요구에 의하여 제출된 자료는 조사대상자가 선별하여 제출한 자료라는 위험성이 있다. 방어가 충분히 된 자료라는 뜻이다. 따라서 감사 목적상 활용도가 떨어진다. 포렌식을 이용해서 접근할 경우 비정형데이터 분석에 집중한다. 포렌식 분석을 통해 접근한다면, 비정형데이터 중 ①협력업체의 최종가격 이전 견적서 ②임원과 협력업체가 주고받은 이메일 ③임원이 협력업체 사장과 함께 찍은 사진 ④임원의 개인 장부 정리 파일 등을 찾아내는 데 집중할 것이다. 포렌식을 이용해서 분석한다고 해서 항상 ①~④에 해당하는 모든 증거들이 척척 나와주지는 않는다. 그렇지만 그중에서 단 1개라도 확보된다면 정형데이터에 매달리는 방식보다 조사가 훨씬 수월해질 것이다.

기계적 업무는 기계에 맡겨라(효율성)

　기업의 서버 등에 저장된 정보뿐 아니라 컴퓨터 등 디지털 기기의 경우도 정보의 양이 매우 방대하다. 행복마루컨설팅에서 지난 7년간 입수해서 분석한 컴퓨터 약 8,500대를 기준으로 통계를 내본 결과, 시스템 파일 등을 제외하고 컴퓨터 1대당 평균 8,736개의 파일이 있는 것으로 확인되었다. 모바일 기기의 경우도 상황은 크게 다르지 않다. 1명의 메신저만 해도 전체를 정독하려면 1주일 이상 소요되기도 한다. 우리는 업무를 수행할 때 항상 시간의 제약을 받는다. 어떻게 대량의 정보를 신속하고 정확하게 분석할 수 있을까?

　그 답은 컴퓨터(기계)를 활용하는 것이다. 컴퓨터는 성실할 뿐 아니라 지치지도 않는다. 가령, 특정 직원이 수년에 걸쳐 협력업체로부터 본인, 가족 및 차명계좌를 이용해 뒷돈을 수수한 것으로 의심되는 건을 조사한다고 가정해보자. 직원은 조사자의 요청에 따라 800여 장에 달하는 20개의 은행거래 내역을 출력물 형태로 제출했다. 이를 어떻게 분석할 것인가?

　첫 번째는 수작업으로 일일이 확인하는 방법이 있다. 아니면, 원본과 동일한 형태의 스프레드시트 형식으로 다시 자료를 입수하는 방법을 생각해볼 수 있을 것이다. 그러나 조사대상자는 대체로 개인자료 제출에 비협조적 성향을 갖고 있다. 둘 중 어떤 방법으로 접근하든 직원이 수수한 뒷돈을 정리해내는 일이란 결코 만만한 작업이 될 수 없다.

이 경우 포렌식을 이용해서 접근하면 두 가지 효과를 기대해볼 수 있다. 우선, 은행거래 내역을 원본과 동일한 스프레드시트 형식으로 제출받는 것이 여의치 않을 경우 출력물을 문자인식 기능이 있는 스캐너로 스캔하여 전자문서 형태로 변환할 수 있으며, 변환된 파일은 인덱싱 작업을 거쳐 특정 거래 내역을 손쉽게 추려낼 수 있다. 다음으로는, 파악된 정황 외 추가 범행을 발견하는 데 활용할 수 있다.

보통 조사대상자는 일부만 진실되게 마련이다. 다시 말해서, 행위가 밝혀지고 증거가 확보된 건은 인정을 하지만, 밝혀지지 않은 추가 행위에 대해서는 입을 굳게 다문다. 따라서 입수된 은행거래 내역의 입금자명 등 부가정보와 조사대상자의 디지털 데이터(컴퓨터·이메일·모바일 등)를 포렌식 감사 프로그램을 이용해서 분석하면 일치 또는 유사한 관련자를 손쉽게 추려낼 수 있다. 이는 조사 대상자의 추가 범행을 입증하고 자백받는 용도로 활용할 수 있다. 기계적인 단순 작업이 수작업으로 10일 이상 소요된다고 할 때, 포렌식 프로그램을 활용하면 그 시간을 획기적으로 단축시킬 수 있다.

증거는 거짓말을 하지 않는다

국내에서도 큰 인기를 끌었던 미국 드라마 '과학수사대 CSI'에서는 "사람은 거짓말을 하지만 증거는 거짓말을 하지 않는다"는 유명한 대사가 나온다.

기업 자체의 감사는 부정행위뿐 아니라 업무상 여러 가지 미비점 등을 고려해서 수행되므로 감사 결과의 사후 처리가 기업의 징계절차에 따라 종료되는 경우가 많다. 이 경우에는 조사대상자도 지적된 사안에 대해 대체로 순응하고 인정하는 자세를 취한다. 하지만 때때로 사안이 중대할 경우 부정행위를 저지른 임직원을 상대로 형사고소를 진행해야 하는 상황이 발생하기도 한다. 이 경우 자체감사에서 자백을 받아내기 어려울 뿐 아니라, 설사 자백한 경우에도 수사기관에 가서 이를 번복하는 경우가 비일비재하다.

기업은 기본적으로 회사의 임직원을 보호한다. 그럼에도 형사고소까지 진행되는 건들은 피해금액의 규모가 크거나 악질적이어서 기업의 건강한 분위기를 훼손시키는 등 기업을 위해서 반드시 뿌리뽑아야 되는 사안들이다. 그러나 조사 건의 중대성 여부는 사전에 구분되는 것이 아니라 조사를 진행하는 과정에서 수집되는 정보에 따라 판단이 가능하다. 따라서 내부감사는 상대방의 동의 또는 자백을 받아내는 방법에서 증거를 수집하는 방법으로 변화될 필요가 있다.

포렌식 내부감사 기법은 증거를 수집하는 대표적 접근 방식이다. 현장에서 포렌식을 이용해서 내부감사를 진행하는 경우 사후적 확인 절차에 해당하는 면담이 이루어지기 전까지 조사팀은 노출되지 않는다. 상황에 따라서 사전에 주변인 인터뷰 등을 진행하는 경우도 있으나, 대부분의 시간은 사전에 입수한 디지털 자료에서 증거물을 확보하고 부정행위를 추론하는 데 사용한다. 증거가 확보된 상태에서는 조사대상자가 행위를 부인하기도 힘들 뿐만 아니라 자백한 내용을 추후 번복하는 것도 어려워진다. 또한 법정에서도 당사자의 진술보다 증거를 신뢰한다. 다만, 디지털 증거는 수사기관에서도 증거의 무결성 논란에 자주 휘말리기도 하며, 기업 등 민간기업에서 확보한 디지털 증거는 법정증거 채택에 더욱 제한적이다.

하지만 기술적인 요소로 야기되는 이러한 한계점들은 블록체인 등 암호화 기술의 발전과 함께 점차 감소할 것으로 예상된다. 현장에서 포렌식 기법을 활용한 조사 건을 형사고소까지 진행한 경험에 비추어 봤을 때, 모든 자료가 증거로 채택되지는 않더라도 정황적 증거 및 참고자료로 피해자에게 유리하게 작용하는 측면은 분명히 존재한다.

무엇보다 중요한 사실은 기업에 중대한 손해를 끼치는 부정행위는 수면 위로 드러나 밝혀지는 게 우선이다. 이후 법정에서 발생할 수 있는 증거력에 대한 부분은 부정행위부터 규명한 이후에 고민할 문제다.

포렌식을 활용한 내부감사 방법론

전반적 업무 절차의 이해

내부감사의 여러가지 방법론 중 행복마루가 주로 접근하는 방식인 SBA(Scenario-Based Approach) 기법이 있다.

SBA 기법 활용 내부감사는 감사 착수 시점에 쉽게 취득할 수 있는 규정·규칙·업무분장 등의 사내 기초자료, 포렌식을 활용하여 습득한 디지털 자료, 인터뷰, 내부 제보 건 등을 수집한다. 수집된 자료를 바탕으로 내부 통제제도의 취약점 및 감사인의 경험을 바탕으로 발생 가

SBA(Scenario-Based Approach)란 포렌식 기반으로 추출된 이메일·품의서·재무 데이터 등을 이용하여 잠재적인 리스크를 파악하고, 파악된 리스크를 토대로 시나리오 작성을 통해 유형별 부정 감사를 진행하여 결론을 도출하는 기법이다.

능한 잠재적 부정 시나리오를 설정하고, 시나리오별 집중 조사 및 확인 절차를 진행하여 보고 및 사후조치를 취한다.

SBA기법이 효과적인 이유는 제한된 환경에서 감사인의 경험을 활용하고 창의성을 독려하여 내부감사를 수행한다는 점이다. 포렌식으로 수집한 디지털 자료가 잠재적 부정 시나리오의 정확성을 높여준다.

SBA기법은 크게 1단계인 감사 대상 선정과 2단계인 내부감사 진행으로 나눌 수 있다. CEO 또는 감사의 특별 지시 등 감사 대상이 선정된 경우에는 1단계를 생략하여 진행할 수 있다.

감사 대상 선정 단계에서 SBA는 데이터 수집, 시나리오 유형 사전 탐지, 진단 대상 선정의 순서로 진행한다. 일반적으로 입수 가능한 기업의 내부데이터(사규·업무분장·품의서 등), 외부데이터(협력업체 정보 등) 및 경영진 면담 결과 등의 데이터를 수집하고 발생 가능한 시나리오 유형을 사전 탐지하여 진단 대상을 선정한다. 통상 내부감사 진행 시 대상 선정에 대한 조사대상자들의 불만이 많다. 이러한 불만은 내부감사에 소극적인 협조를 유발하여 효율적인 감사를 어렵게 한다. SBA 기법을 활용하여 체계적이고 합리적으로 감사 대상을 선정하면 조사대상자들의 반발을 누그러뜨릴 수 있다.

감사 대상 선정 후 내부감사 진행 시에는 포렌식을 포함한 데이터 수집, 시나리오 작성, 조사, 확인, 보고 및 사후조치 절차를 수행한다. 데이터 수집은 기업의 내·외부 데이터 수집뿐만 아니라 감사대상자의 PC, 모바일 기기, 이메일 서버에 대한 포렌식을 포함한다. 포렌식 진

1단계: 감사 대상 선정

2단계: 내부감사 진행

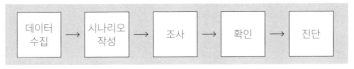

행 시에는 디지털 자료가 증거능력을 상실하지 않도록 적법한 절차를 진행하여야 한다. 디지털 증거를 수집하는 실질적인 절차는 이 책의 제3장 '디지털 증거 수집 및 분석 실무'를 참고하기 바란다. 이렇게 수집한 데이터를 바탕으로 잠재적 부정의 시나리오를 작성하여 조사 및 확인 절차를 진행한다. 그 후 진단 결과 보고, 부정 적발 시 그에 상응하는 회사 차원의 징계, 형사고발 등 사후조치를 취하도록 한다.

시나리오 설정

시나리오 설정이란 내부통제제도의 취약점 및 포렌식 자료를 바탕으로 잠재적 부정의 시나리오를 작성하여 내부감사 진단 사항을 파악하는 데 그 목적이 있다. 가령, 회사의 업무분장규정상 구매팀 담당자에게 외주용역업체 선정 및 용역대금 지급 권한이 동시에 부여되어 있다고 가정해보자. 구매팀 담당 직원의 컴퓨터 포렌식 결과 외주용역업체 직원과 사적인 금전관계에 관한 내용이 포함된 메일을 발견했다면 부정 발생 가능성이 높다고 볼 수 있다. 입찰을 포함한 업체 선정에 대한 편의, 용역대금의 부적절한 지급 또는 이에 따른 향응을 제공받았을 가능성이 있다. 혹여 부정이 발생하지 않았다 하더라도 이와 같은 위험에는 적절한 조치가 필요하다.

기업은 기업의 목적 달성에 합리적 확신(Reasonable Assurance)을 주기 위하여 통제 환경(Controlled Environment), 위험 평가(Risk Assessment), 통제 활동(Controlled Activities), 정보와 의사소통(Information & Communication), 모니터링(Monitoring Activities)이라는 내부통제의 다섯 가지 구성 요소를 기업의 상황에 맞게 설계, 운영한다. 하지만 내부통제제도는 비용편익 관점, 인적 오류 발생, 공모, 권한 남용, 환경 변화 등 기업 내·외부적 요인으로 취약점이 발생한다[*]. 내부통제제도가 적절히 작동하지 않거나 미비한 영역에서 부정 및 비리 발생 가능성이 높다.

덧붙여, 내부감사 진행 시 해당 부서의 임직원들에 대한 인터뷰 진행도 큰 도움이 된다. 이때 진행하는 인터뷰는 특정 혐의점에 대한 확인을 위해 진행하는 것이 아님에 유의한다. 조직문화, 업무 환경, 업계 관행, 인간적 혹은 개인적 성향, 업무상 힘든 점이나 개선할 사항, 사내의 소문 파악 등 내부감사에 참고할 만한 정보를 수집하여 특이 사

---

[*] 2013 New COSO Internal Control Framework

항에 대해서는 시나리오 설정에 반영하도록 한다. 인터뷰 및 내부제보 사항 등을 토대로 조사 대상의 조직문화 및 경쟁상황(성과 압박 등), 구성원의 개인적 성향(도전적 성향, 물질적 욕심 등), 경제적 상황(궁핍, 과소비 등), 사회적 환경, 부정 의혹 등에 대해 파악하도록 한다. 또한, 동종업계의 부정 사례 및 감사인의 경험도 시나리오 설정 시 중요한 요소임을 잊지 말아야 한다.

시나리오 설정이란 제한된 시간과 인력의 감사 환경에서 고위험 분야를 파악하고 잠재적 부정의 시나리오를 마련하여 내부감사 진단 대상 및 진단 관점을 효과적으로 선정하는 데 의의가 있다.

조사

잠재적 부정의 시나리오를 마련하여 내부감사 진단 사항을 설정하였다면 시나리오를 대입하여 유형별로 집중진단을 실시한다. 시나리오 설정 단계에서 발견한 제반 징후들이 실제 부정으로 이어졌는지, 의도적이지 않은 단순 실수이거나 오류인지 확인한다.

조사 단계에서는 진단 사항과 관련한 기업 내부자료, 외부 조직 또는 공공기관에 공개된 자료, 포렌식을 통한 디지털 수집 정보 등 이용 가능한 모든 자료를 활용한다.

기업 내부에는 품의서·계약서·견적서·대금정산서류·예산내역·ERP 전산 데이터 등 거래 관련 서류뿐만 아니라 회의실 예약, 주차 신청, 연차 사용 내역, 출근 기록, 출장 품의, 법인차량 신청 이력, 법인카드 사용 내역, 등기 및 택배 신청 이력, 사규, 인사기록카드 등 조사에 활용할 다양한 자료가 있다.

기업 외부의 공개된 자료도 조사 업무에 활용할 수 있다. 나이스디앤비·이크레더블·크레탑 등 기업신용정보를 제공하는 회사의 서비스를 이용하여 특정 기업의 정보를 조회할 수 있으며, 외부감사 대상 기업의 경우 금융감독원 전자공시시스템을 이용할 수 있다. 또한, 대법원 인터넷등기소에서 건물 및 토지, 법인의 등기 내역을 확인할 수 있다. 그 외에도 국세청 홈택스, 대법원 종합법률정보 등 공개된 정보를 조사 업무에 활용할 수 있다.

업무용 컴퓨터, 모바일 등 디지털 기기 포렌식을 통해 확보한 문서, 메신저 사용 내역, 인터넷 방문 기록, 이메일 송·수신 내역도 각종 의혹을 확인하는 데 중요한 자료다.

위와 같은 조사 자료를 바탕으로 잠재적 부정 시나리오를 재구성하여 검증하는 작업을 진행해본다. 특정 거래와 관련한 회의록, 변경 이력을 포함한 품의서 등 문서의 흐름을 확인하고, 어느 계정과목으로 자금이 유출되고 유입되는지 추적해본다. 예외적인 거래, 이를테면 금액이 지나치게 커지거나 작아지는 경우, 거래의 빈도가 지나치게 많거나 적은 경우, 협력업체의 규모나 능력에 비해 지나치게 규모가 큰 거래 계약을 체결한 경우, 수의계약을 체결한 협력업체 등이 있다면 그 사유를 추적 조사한다. 또한 각 서류에 첨부된 증빙 내역을 확인하여 위·변조, 허위, 오류 등의 특이 사항 여부를 점검한다. PC나 모바일 기기(개인정보 수집의 경우 정보제공자의 동의 등 적법한 절차를 따라야 함)에 저장된 특이한 사진 및 동영상(골프장·돈·명품 등), 입찰 또는 향응 제공 등과 관련한 메신저 대화 자료들을 살펴본다. 사람, 시간, 장소나 상황이 부자연스럽거나 이치에 맞지 않는 점이 발견될 시에는 추가 자료를 확보하거나 경우에 따라 담당자에게 소명을 요청할 수 있다.

확인

확인 단계에서는 시나리오별 진단을 마무리하도록 한다. 조사 단계에서 획득한 자료로 증거 수집이 마무리되었다면 확인 과정에서 실체적 진실을 다시 한 번 점검하고 진단 결과를 도출하도록 한다. 조사대상자 또는 혐의자와 면담을 진행하여 사안에 대해 부족한 연결고리를 되짚고 혐의가 근거가 있음을 시인하도록 한다. 진술서는 별도의 특정한 양식은 없으나 문답식으로 작성하면 면담 진행 사항과 진술 내역을 파악하는 데 도움이 된다. 또한 진술인의 심경 변화로 진술이 번복될 때도 그 흐름을 따라 기재하고 진술인의 수정 및 보완을 거쳐 자필서명을 받도록 한다.

면담 시에는 면담의 목적을 사전에 설정하여 진행한다. 기존 정보 확인, 새로운 정보 탐색, 사안에 대한 이해, 혐의 자백 등이 면담의 목

[그림] 진술서 견본

적이 될 수 있다. 또한, 면담에 맞는 환경을 구축하고 조사를 통해 밝힌 사실관계를 명확히 하여 면담에 임하도록 한다. 면담 시에는 사전에 면담 방향을 특정하지 말고 진술인의 이야기를 적극적으로 경청하도록 한다. 진술인의 주장을 명확히 인지하여 추후에 발생할 수 있는 분쟁에도 대비하도록 한다. 또한, 조사 단계에서 확보한 사실관계 제시 및 설득을 통하여 진술인의 혐의에 대한 시인을 받도록 한다.

이후 조사 및 확인 단계를 통하여 진단한 결과를 바탕으로 내부감사 보고서를 작성하고 진단을 완료한다. 조사 단계에서 확보한 자료와 확인 단계에서 추가로 확보한 자료 또는 진술서를 정리하여 추후의 분쟁에 대비하도록 한다.

SBA 기법의 의의

내부의 기초자료만 활용하여 잠재적 부정의 시나리오를 설정할 때는 기초자료 확보가 용이한 대상에 잠재적 부정의 시나리오를 집중하여 설정할 위험이 높다. 또한, 잠재적 부정 위험이 높다고 생각하는 특정 부서에만 반복적으로 내부감사를 진행하는 경향이 생긴다. 이는 감사대상자들의 근로 의욕과 사기를 저하시키는 요인이 되기도 한다. 하지만 포렌식을 활용한 비정형데이터를 내부감사에 활용하면 더욱 폭넓은 관점으로 감사 대상을 선정할 수 있다. 또한, 부정 적발 확률이 높은 시나리오 설정을 가능하게 하여 내부감사의 효율성을 높인다. 잘못된 부정 시나리오 설정은 시간과 자원의 제약이 있는 대부분의 기업의 내부감사 환경에서 감사 실패를 초래할 위험이 있다. SBA의 적용은 이러한 위험을 상쇄할 수 있는 수단이다.

SBA 기법은 내부감사팀에게 다음과 같은 이점이 있다.

첫째, 사안에 따라 SBA 기법을 유연하게 적용할 수 있기 때문에 활용 가능성이 높다. 비단 내부감사 시에만 활용하는 것이 아니라 부서 내의 업무 프로세스 개선, 타부서 또는 자회사의 진단에도 적용 가능하다.

둘째, 내부감사 기법을 동일하게 적용함으로써 내부감사 결과물을 체계적으로 정리 및 집대성할 수 있다는 점이다. 이와 같은 이점은 내부감사 업무의 매뉴얼화를 가능하게 하여 조사인에 따라 감사 결과가 달라지는 위험을 방지할 수 있다. 즉, 내부감사 품질의 표준화가 가능해진다. 또한, 이렇게 업무 노하우가 누적되면 빅데이터, 인공지능 등과 같은 미래 기술과 접목이 가능해질 것이다.

마지막으로 SBA 기법은 내부감사 업무에 대한 체계적인 접근을 가능하게 한다. SBA 체계에 따라 내부감사 수행 시 감사 과정을 체계적으로 보여주어 감사대상자들의 감사 결과 수용에 대한 거부감을 줄일 수 있다. 감사 또는 경영진에도 감사 과정의 합리성과 효율성, 타당성을 보여줄 수 있어 내부감사인의 결과 보고 시에도 유용하다.

기업의 내·외부적인 환경의 변화로 내부감사 업무 및 감사 방법이 변화하고 있다. 과거의 내부감사가 회계감사 및 준법감사 중심이었다면 현재는 내부통제감사, 업무 프로세스 감사, 경영감사로 확대되었다. 또한, 지금까지 문제 발견형 감사, 사후적 감사, 경찰 역할의 감사였다면 앞으로는 문제 해결형 감사, 예방적 감사, 컨설턴트 역할 감사로 변화할 것이다[*].

이러한 기업 환경과 내부감사 방법의 변화로 내부감사인은 다양한 자료를 해석할 수 있는 직무수행능력을 갖춰야 하며 재무, 법률, IT 등을 아우르는 종합적인 기초지식이 필요하다. SBA 기법의 활용은 내부감사인의 다양한 경험과 창의력을 활용하고 팀워크, 유연한 사고 등을 독려하여 내부감사 결과물의 품질 수준을 증진시킨다. 또한, 시간과 인적자원이 제한적인 내부감사 수행 시 효과적으로 내부감사를 수행할 수 있게 해준다.

---

[*] 김용범, 현대내부감사 이론과 실제, p99~100

회계부정에 대한 내부감사 책임강화와 디지털 포렌식 활용

(외감법 개정에 따른 감사(위원회) 의무강화, 회계부정조사, 디지털 포렌식을 활용한 부정조사 등)

장재혁

행복마루컨설팅㈜ Risk Advisory Service본부장

[요약]

"2018년 11월부터 시행되는 개정된 외감법 제22조에 따라 기업의 감사(또는 감사위원회)는 외부감사인의 회계감사 시 발견되는 이사의 부정행위나 법령 위반사항, 회계부정과 관련한 사항에 대하여 외부감사인과 더불어 새로운 의무를 부여받게 되었다. 따라서, 이러한 의무를 이행하기 위하여 외부전문가 특히, 디지털 포렌식에 기반한 외부조사전문가를 활용하여야 할 필요성이 증가될 것이다. 중요한 것은 기업들이 수동적으로 이러한 조사를 받기만 하기보다는 이러한 외부조사전문가가 실제로 어떤 서비스를 제공하는지를 미리 파악하고 앞으로 어떻게 활용할 것인지를 고민하여야 한다는 것이다"

[본문]

1. 외감법 개정에 따른 감사(또는 감사위원회)의 책임강화

2018년 11월부터 시행되는 개정된 '주식회사등의외부감사에관한법률(이하 "외감법")'에 따르면, 주식회사의 외부감사인과 감사(또는 감사위원회)는 외감법 제22조에서 새로 규정하고 있는 "부정행위 등의 보고"의 내용에 의거하여 기존과는 다르게 법에 명문화된 내용에 준하여 행동하여야 한다. 즉, 외부감사인은 회계감사를 수행하면서 (1) 이사의 직무수행에 관하여 부정행위 또는 법령이나 정관에 위반되는 중대한 사실을 발견하거나, (2) 회사의 회계처리 등에 관하여 회계처리기준을 위반한 사실을 발견한 경우 감사(또는 감사위원회)에게 통보하여야 한다.

이에 감사(또는 감사위원회)는 회사의 비용으로 외부전문가를 선임하여 위반사실 등을 조사하도록 하고 그 결과에 따라 회사의 대표자에게 시정 등을 요구하여야 하며, 그 조사결과 및 회사의 시정조치 결과 등을 즉시 증권선물위원회와 외부감사인에게 제출하여야 한다.

이와 같이 외감법 개정에 따라 감사(또는 감사위원회)의 책임이 강화되는 부분에 대하여는 이미 본지의 과월(7월*, 9월**) 오피니언에서 다루었으므로, 여기에서는 외감법 제22조에서 언급하고 있는 '외부전문가'의 활용에 대하여 알아보기로 한다.

---

* 개정 외감법의 시행과 감사위원회의 역할(이화여자대학교 경영대학 한종수 교수)
** 회계부정 조사제도와 감사(위원회)의 역할(PwC Consulting 신재준 파트너)

2. 외감법 제22조에서 언급하고 있는 '외부전문가'

법에서 외부감사인과는 별도로 외부전문가를 언급하고 있는 것으로 보아, 외부전문가는 기업의 해당 위반사실을 전문적으로 조사할 수 있는 역량을 보유하고 있는 '조사' 전문가를 의미하는 것으로 해석할 수 있다. 또한, 최근 기업의 부정행위나 법령, 정관, 회계처리기준 등 위반행위와 관련하여 미디어를 통해 알려진 사례들을 참고해 볼 때, 조사는 전통적인 서류조사나 관련자에 대한 면담조사만을 의미하는 것은 아니며 거의 필수적으로 디지털화된 기업 업무환경에 부합하는 조사역량을 활용할 수 있어야 한다는 것은 당연한 것이다.

그렇다면 법에서 언급하고 있는 외부전문가는 결국, 디지털 포렌식 기술을 기반으로 하여 디지털 정보들을 취합하여 분석할 수 있을 뿐만 아니라 전통적인 서류조사, 관련자에 대한 면담, 회계와 법령에 대한 지식을 기반으로 한 분석능력을 두루 갖추어야 할 것으로 기대된다. 다행히도 대한민국에는 외감법 개정이 되기 훨씬 이전부터, 이러한 능력을 기반으로 기업 부정적발, 내부감사, 컴플라이언스 진단 등 서비스를 수행할 수 있는 능력을 보유한 전문가 집단들이 존재하고 있으며, 기업들은 각각의 특별한 필요에 의하여 이러한 서비스를 이용해오고 있다. 이에 외감법 개정으로 인해 외부감사 시장에서도 이러한 서비스에 대한 수요가 발생할 것으로 예상되고 있는 상황이다.

3. 회계감사에서의 외부 조사전문가 활용

외부감사인이 수행하는 회계감사에서도 전통적으로 기업이 작성한 재무제표의 적정성에 대하여 각 계정과목별 부정위험(fraud risk)을 평가하고 이를 감사계획에 반영하여 감사 전반에 고려하도록 기본 감사절차(기본적인 audit guidance에 따른 audit procedure)가 설계되어 있는데, 실상은 부정위험을 제대로 감지하여 감사계획을 적절하게 변경하는 것이 여의치 않았던 것이 외부감사 현장의 제대로 된 모습이었다.

그러나, 이제 외감법의 개정으로 기업의 부정과 관련한 외부전문가를 활용할 수 있도록 법적 근거가 마련되고 감사(또는 감사위원회)에게 이와 관련한 책임이 부여됨으로써 기본 감사절차에도 이러한 내용이 필연적으로 반영될 것이고, 외부감사인은 이러한 절차를 따르게 될 것이다. 아마도 외부감사인이 기존 감사절차로 다양한 분야에서 활용[*]하던 '전문가의 활용'과 관련한 감사절차에 준하여, '조사전문가'의 활용에 관한 감사절차가 추가될 것으로 예상된다.

개정된 외감법이 시행되기 전에도 이미 외부감사 실무에서는 의견거절 등 감사보고서의 의견변형이 이루어진 기업들에 대한 재감사를 하면서 디지털 포렌식을 활용한 조사전문가를 활용하고 있는데, 이러한 실제 적용 사례는 몇몇 기사들을 통해 확인해 볼 수 있다. 이러한 상황에서 개정된 외감법이 2018년 11월부터 시행되므로, 2018년 회

---

[*] 자산가치평가, 손상평가, 법률 이슈, 공학 이슈 등과 기업 재무제표에 영향을 미치는 사항 중 외부감사인이 전문가적인 판단을 내리기 곤란한 전문적인 분야와 관련된 내용을 감사증거로 활용하기 위하여 외부감사인은 해당 분야의 전문가를 활용하고 있다.

계연도에 관한 외부감사에서는 외부 조사전문가에 대한 활용사례가 더욱 늘어날 것으로 전망된다.

4. 외부 조사전문가의 디지털 포렌식 적용 사례

디지털 포렌식을 기반으로 한 외부조사전문가는 현재까지 다양한 분야에서 기업들 각각의 요구에 따라 서비스를 제공해 왔는데, 그 사례를 몇 가지 살펴보고 마지막으로 회계감사에는 어떻게 활용될 수 있는지를 살펴보기로 한다.

(1) 기업 내부감사 역할의 아웃소싱

기업에는 보통 내부감사 기능을 수행할 수 있는 조직이 있는데, 이는 '감사팀', '감사실', '경영진단팀' 등 다양한 이름으로 존재하거나 별도의 조직이 없는 상태로 인사기능이나 법무기능을 하는 조직에서 본래의 업무와 함께 수행하기도 한다. 이러한 기업 자체의 내부감사조직은 자체적으로 몇 가지의 한계점을 가진다.

첫째, 인력과 전문성의 부족이다. 대부분의 기업들은 인력을 최대한 활용하여 이윤을 창출한다. 따라서, 내부감사만을 전담하는 인력을 두는 것이 비용적으로 부담스러울 수 있으며 본래 다른 현업에서 근무하던 인원들을 순환하여 감사기능을 하도록 하는 경우가 많다. 또한, 감사기능을 전담하는 인력을 운용할 수 있는 기업들도 최신의 디지털 포렌식 기술을 활용하기 위한 디지털 포렌식 전문가와 장비 및 소프트웨어, 감사 전문가인 공인회계사, 내부감사사 등을 상시 인력으로 고용하기가 어렵다. 그러므로 내부감사에 대한 전문성을 확보하기가 어려운 것이 현실이다.

둘째, 독립성 확보의 어려움이다. 위에서 언급한 내용과 관련하여, 회사 자체의 내부감사 기능을 하는 인원들은 필연적으로 본인의 동료, 상사에 대한 내부감사를 수행하면서 객관성을 확보하기가 쉽지가 않다.

이러한 한계점으로 인하여, 이를 인식한 기업들은 내부감사를 외부전문가에게 아웃소싱을 하고 있으며 이러한 아웃소싱을 통해 상기의 한계점들을 극복하고 있다. 특히, 내부감사에 디지털 포렌식을 활용하게 되면서 전통적인 내부감사에서는 접근할 수 없었던 자료를 분석할 수 있게 되었고, 기업들이 감사결과에 만족하는 사례가 증가하고 있다.

(2) 인수대상 기업에 대한 인수 후 실사(PMA : Post-Merger Assessment)

기업은 기존 사업을 확장하거나, 전혀 새로운 분야에 진출하기 위하여 다른 기업을 인수한다. 직접 인수하거나 사모펀드 등 펀드를 조성하여 인수하게 되는데, 일반적인 기업의 인수 절차에서 피인수 기업의 내면을 살펴볼 수 있는 기회는 인수 전 실사(Due Diligence)때이다. 그러나 이때는 피인수 대상기업이 제공하는 자료에 한해 실사가 이루어지며 목적 또한 주로 기업의 재무적 가치를 측정하는 데 있어 실제

인수 후 실사 PMA
(Post-Merger Assessment)

M&A
전략 수립 　M&A
대상 선정 　인수 전 실사
Due Diligence 　Deal Done 　피인수 기업
통합 PMI
(Post-Merger
Integration) 　Exit

피인수 대상기업 내부의 구조적 문제점이나 잘못된 조직문화, 악습이
나 부조리 같은 표면으로 드러나지 않는 것들에 대해서는 알 수 없다.
그리고 그런 내부적 문제점들을 모른 상태로 PMI가 진행되면 예상치
못한 어려움을 겪거나 실제로 최악의 경우 PMI가 실패할 수도 있다.
PMA는 인수가 완료된 후 겉으로 드러나지 않은 피인수 대상기업 내
부의 문제점들을 파악하여 PMI 계획에 반영시킴으로써 통합작업이
효율적이고 효과적으로 마무리될 수 있도록 해주는 것이다.

　이러한 PMA를 통하여 발견할 수 있는 사례는 다음과 같다.

1) 사기
구주주와 재무책임자가 공모 후, EBITDA를 조작해서 주당 매각가
치 과다 산정
2) 업무상 배임
전 대표이사가 타인 명의로 회사 설립 후, 피인수 기업의 일감을 몰
아주는 방식으로 부당이득 편취

3) 업무상 횡령

생산부서 및 자재부서 직원이 공모하여 제품 생산 후 발생하는 스크랩을 팔아 사적 이익 편취

4) 기밀 유출

R&D 담당 임원이 피인수 직전 이직을 목적으로 해외 경쟁업체에 회사 주요 제품의 설계도면 유출

5) 조직문화

변화를 거부하는 파벌, 사내 성희롱, 부적절한 부서 운영비 사용 등 각종 부조리한 조직문화 파악

(3) 회계감사에 대한 감사증거 제공

앞서 살펴본 대로 외감법 제22조가 개정되어 시행되면, 회계감사에 디지털 포렌식이 본격적으로 활용될 것으로 전망된다. 현재까지는 외부감사인이 충분한 감사증거를 확보하지 못하여, '의견거절' 등 감사보고서상 의견을 변형할 것을 고려하는 경우에 제대로 된 감사증거를 확보하는 차원에서 디지털 포렌식 기반 조사를 활용할 것을 감사(또는 감사위원회)에 권고하고 이를 활용하고 있다. 실제로 보도된 몇몇 기사들을 통하여 재감사 시장에서 몇몇 활용된 사례를 볼 수 있다.

하지만, 외감법 개정으로 인하여 앞으로는 외부감사인이 이 법을 근거로 하여 더욱 적극적으로 감사증거 확보를 위하여 디지털 포렌식을 활용할 것을 고려할 것이다. 왜냐면, 기존의 회계감사에서는 외부감사

인이 필요한 자료를 기업에 요청하고 기업은 이에 대하여 적절하게 가공된 자료를 작성하여 제출하면 외부감사인은 이를 감사증거로 활용하는 수준이었지만, 이제는 그렇게 제공된 감사증거가 부족하고 나아가 감사 대상기업이 의도적으로 자료를 누락하거나 조작하는 등 회계부정의 소지가 있다고 판단되는 경우에, 외부감사인이 외부조사전문가를 활용할 것을 더욱더 적극적으로 고려할 것이기 때문이다.

비단 회계부정뿐만 아니라, 기업의 영속성을 해할 수 있을 만한 임직원의 부정행위, 중대한 기밀유출, 법적 제제항목 위반사항, 우발위험 등에 대한 우려로 인해 계속기업에 대한 가정이 흔들리는 등 외부감사인이 감사의견의 변형을 고려할 만한 기업들에 대해서도 마찬가지로 그 활용을 적극적으로 고려할 수 있을 것이다.

5. 기업의 인식 변화 필요

기업들은 앞서 살펴본 바와 같이, 외감법 개정에 따라서 외부감사인이 디지털 포렌식을 더욱 적극적으로 참여시켜 외부감사에 활용할 수 있다는 사실을 염두하여야 한다. 여기서 중요한 것은 디지털 포렌식을 활용하는 외부조사전문가를 기업이 외부감사인의 요구에 따라 어쩔 수 없이 활용할 수밖에 없는, 또 다른 형태의 외부감사인이라고 인식하는 것보다는 이러한 전문가를 능동적으로 어떻게 적극적으로 활용할 것인가를 고민해야 한다는 것이다. 최근 국내에서 일어났던 국정농단 사건이나, 굵직한 기업범죄 사건들에서 디지털 포렌식이라는 기술이 어떻게 활용되고 있는지는 수많은 뉴스들을 통해 접할 수 있고, 이는 당연히 기업활동에 도움이 되는 방향으로 활용할 수 있는 것이다.

그러기 위해서는 외부전문가가 어떠한 형태로 자료를 수집하며, 어떠한 서비스와 산출물을 제공하는지를 기업 자체 내부감사나 제보건 조사, 인수대상 기업에 대한 인수 후 실사 등에 활용하여 미리 경험해 보는 것이 가장 좋은 방법이 될 것이다.

제 2 장
효과적인 내부감사를 위한 전략

감사 혁신,
포렌식이 답이다

제1절
데이터 활용의 의의

데이터 활용의 의의

내부감사의 성패는 수집한 정보를 어떻게 활용하는가에 따라 결정된다. 당신이 최고경영자로부터 특정 부서를 감사해보라는 지시를 받았다고 가정해보자. 당장 어떠한 자료를 요청해야 할 것인지, 자료를 습득한 이후에는 어떠한 방식으로 분석하고 판단해야 할지 막연하다는 생각이 앞설 것이다.

오늘날 대부분의 회사는 IT 기술에 기반하여 업무의 상당부분이 디지털화되어 있어 감사인이 접근할 수 있는 데이터의 양은 폭발적으로 방대해졌다. 감사인은 과거에 비해 다양한 유형의 자료를 수집할 수 있는 환경이 되었지만 정작 어떠한 자료를 수집하여 감사 업무에 활용할 것인지에 대해서는 상세하게 알지 못한다. 컴퓨터에서 처리되는 방대한 자료를 사람이 수작업을 통해 일일이 분류해내고 분석할 수는 없다. 설사 데이터를 분류해낼 수 있다고 하더라도 수집된 자료를 활용할 전략이 부재하기 때문에 정보의 홍수 속에서 헤매게 될 가능성이 크다.

변화하는 기업 환경에서 회사 내부문서, 관련 증빙을 검토해보는 수준의 고전적인 내부감사 방법은 한계에 봉착할 수밖에 없다. 다양한 원천에서 폭넓은 데이터를 수집하고, 이를 토대로 사안을 판단하는 것이 무엇보다 중요하다. 한정적인 정보로는 사안의 전체적인 흐름을 파악하기 어렵고, 중점 사항을 선정하는 데 어려움이 따른다. 폭넓은 데이터라는 것은 데이터의 양이 방대하여야 한다는 의미는 아니다. 사안에 맞는 데이터를 다양한 원천에서 수집하는 것이 중요하다.

부정이나 비리 행위의 정황은 포착되나 충분한 증거를 확보하지 못해 적절한 조치를 취하지 못하는 경우가 있다. 우리는 이미 활용할 수 있는 데이터를 충분히 가지고 있음에도 이를 제대로 활용하지 않아 조사 업무에 실패하는 경우에 초점을 두어 이를 최소화하는 것을 목표로 한다.

내부감사인의 역량을 강화하는 방법

내부감사는 표면적으로는 드러나지 않는 조직내 부정행위를 찾아야 하는 업무이므로 감사인은 회사에 대한 전반적인 이해가 충분해야 하며, 이를 바탕으로 사안에 적합한 자료를 선별하여 수집하고 분석할 수 있어야 한다. 감사부서의 구성원은 통상적으로 회사에 장기간 근무하여 회사에 대한 이해도와 업무 숙련도가 높은 경우가 많다. 최고경영자로부터 감사 권한이 공식적으로 부여되므로 회사 내부자료를 열람하는 데이터 접근성 측면에서 상당히 유리한 위치에 있다.

하지만 실상을 들여다보면 회사에 대한 이해도와 정보 접근 권한이 높음에도 감사부서가 효과적으로 운영되고 있지 못하는 경우를 종종 접하게 된다. 회사 규모에 비해 감사 담당 인원이 터무니없이 적어 포괄적인 내부감사가 이루어지기 어렵거나, 순환보직제도로 인해 충분한 경험을 쌓기도 전에 타 부서로 이동하여 역량이 단절되는 경우도 있다.

감사부서의 인력 부족, 전문 역량을 키우기 어려운 구조 때문에 내부감사의 실효성 자체에 대해 의문을 제기하는 것은 아니다. 단순히 인력을 늘이고 전문인력을 배치해야 한다는 원론적인 이야기를 하려는 것도 아니다. 우리는 현실적인 한계를 인지하고 감사인에게 실무적으로 도움이 되는 길을 모색하고자 한다.

첫째, 데이터 활용 능력을 향상시키는 방법을 소개할 것이다. 앞서 기술하였듯이 다양한 데이터 속에서 어떠한 정보를 수집할 수 있는지, 습득한 데이터를 어떻게 유용하게 활용할 수 있는지 소개함으로써 사안에 대해 다각도로 접근할 수 있는 방법을 제시한다.

둘째, 실무에서 접할 법한 사례를 소개하고 우리가 어떠한 방식으로 접근하여 결론을 도출하는지 그 과정을 설명할 것이다. 감사 역량은 실제 사례를 경험하고 시행착오를 겪으면서 서서히 향상되는 것으로, 단기간에 형성되기는 어렵다. 사례를 통한 간접 경험과 직접 실무에 적용시켜보는 노력을 통해 문제 해결을 위한 직관력을 향상시킬 수 있을 것이다.

이에 대해서 살펴보기에 앞서 감사인은 판단의 기준이 되는 회사 내부규정 또는 법률에 대해 충분한 지식을 갖추고 있어야 한다. 명확한 기준 없이는 무엇이 옳고 그른지 판단하는 것 자체가 불가능하다. 특정 사안이 회사규정에 위배되는지, 더 나아가서는 법률 위반 행위에 해당되는 것인지를 파악할 수 있는 능력이 전제되어야 한다.

데이터의 정의와 종류

이 장에서는 효과적인 내부감사를 위해 활용할 수 있는 데이터를 크게 외부데이터, 내부데이터, 디지털 수집 정보 3가지로 나누어 소개한다. 외부데이터는 공공기관 조회 시스템, 인터넷 검색 등을 통해서 외부의 제3자도 손쉽게 입수할 수 있는 공개된 자료다. 내부데이터는 회사가 보유하고 있는 데이터로, 회사 관계자에게 요청하여 획득할 수 있는 자료를 의미한다. 디지털 수집 정보는 정당한 권리를 갖춘 상태에서 디지털 포렌식 전문가의 도움을 받아 습득할 수 있는 데이터를 총칭한다. 외부데이터는 상대적으로 가장 접근하기 용이하나 정황적

자료에 국한되며, 내부데이터는 공식적인 자료들로 직접적이기는 하나 표면적으로 별 문제가 없어 보이기 때문에 감사인의 다각적인 시각을 요한다. 디지털 수집 정보는 습득하고 분석하는 데 상당한 시간과 비용이 투입되나 가장 유효한 데이터가 되는 경우가 많다.

각각의 데이터에 해당하는 자료를 예시와 함께 소개하고 해당 자료를 활용하는 전략에 대해서 설명할 것이다. 이는 행복마루가 내부감사 업무를 수행하면서 실제로 활용하고 있는 방식이며, 감사 결과를 도출해내는 데 도움이 되었던 경험을 토대로 선별하여 간추린 것이다. 외부데이터와 내부데이터는 비교적 빠른 시일 내에 수집할 수 있는 자료임에도 불필요한 정보라고 판단하거나 관련성이 미미하다고 단정짓고 간과하게 될 가능성이 높다. 디지털 수집 정보 중 일부는 데이터 수집을 위해 포렌식 전문가의 도움이 필요하며, 이에 대해서는 별도로 설명하기로 한다.

감사 혁신.
포렌식이 답이다

제2절
외부데이터

　본 절에서는 내부감사 업무에 활용될 수 있는 외부데이터의 종류와 그 활용법에 대해서 알아보도록 하자. 외부데이터는 기업신용조회, 공공기관 조회 시스템, 인터넷 검색 등을 통해서 비교적 손쉽게 입수할 수 있다.

기업신용조회 서비스

　시중에는 각 기업들이 신용도를 평가받기 위해 제공한 정보를 기반으로 기업의 정보를 조회할 수 있는 플랫폼을 갖추고 있는 사이트가 다수 있다. 신용평가 서비스가 생겨난 주목적은 해당 기업의 정보 이용자(대부분 투자자들)들이 기업의 금융상품 및 신용 공여에 대하여 채무불이행 가능성 등의 신용상태를 확인하여 투자에 참고하는 것이

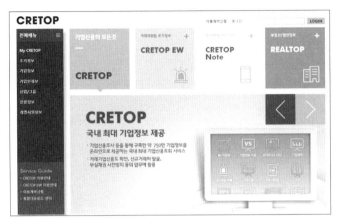

[그림] CRETPOP 조회 화면

었다. 하지만 주목적 이외에도 신용평가사는 기업의 설립 시기, 대표
자명, 주주정보, 주요 거래처, 재무지표 등 내부감사 환경에서 유용하
게 활용될 만한 정보들을 제공한다. 다만, 기업이 신용도평가를 받지
않은 경우는 신용정보 사이트를 통해 조회되는 정보가 미약할 수 있으
며, 정보 업데이트가 다소 지연되는 경우도 있음을 유념하여야 한다.
또한 사이트가 제공하는 기업정보는 대상 기업이 직접 제공하는 정보
에 기반하므로 신뢰성이 완전히 보장되지 않을 수 있다. 조회된 자료
의 사실관계를 명확하게 파악하기 위해서는 활용 가능한 다른 경로를
통해 수집하는 기업정보와 비교하여 정보의 신뢰성을 보강할 필요가
있다.

　내부감사 중 협력업체와 부당한 거래 또는 협력업체 선정 과정의 부
정을 조사하는 경우 기업신용조회 서비스를 통해 거래회사의 기본정

보를 입수할 수 있는데, 거래처 중 설립 시기가 입찰 시기와 근접한 경우, 매출액이 입찰 이후 급증하는 경우, 대표자 또는 주주가 기업의 임직원 본인 또는 친인척인 경우에는 부당한 업체 선정, 리베이트 수수, 일감 몰아주기 등 불공정거래의 개연성이 높을 수 있다. 또한, 특정 인물이 다수의 법인을 보유하고 있는 경우 대표자 성명으로 보유 법인에 대한 정보를 일괄적으로 파악할 수 있어 여러 개의 법인을 설립하여 우회적으로 비정상적인 거래를 하고 있는지 여부도 파악해볼 수 있다.

대한민국 법원 인터넷 등기소

대한민국 법원 인터넷 등기소(www.iros.go.kr)에서는 법인등기부등본과 동산 및 부동산에 대한 등기 조회가 가능하다. 법인등기사항전부증명서(말소사항 포함)를 통하여 회사의 상호, 본점 소재지, 발행 주식 관련 사항, 회사의 영업목적, 임원의 취임 및 사임 등 임원에 관한 사항, 회사가 최초로 설립된 날짜 등을 확인할 수 있다. 특히 임원에 관한 사항에서는 임원의 이름과 주민등록번호, 대표이사의 이름, 주민등록번호, 주소가 기재되어 있으며, 취임 연월일도 확인할 수 있다. 등기 조회 시 말소사항까지 조회가 가능한 점을 활용하면 의도적으로 은폐하려 하는 등기 변동사항이 있는지 확인하여 조사에 참고할 수 있다.

부동산등기부등본을 통해서는 소유주 변동 내역, 담보대출 내역, 보증관계에 대한 정보를 파악할 수 있다. 부동산 거래를 수반한 부정 등

[그림] 법인 등기사항전부증명서   [그림] 부동산 등기사항전부증명서

을 조사하는 경우 의심지역에 대한 부동산등기부등본 조회는 필수적인 절차라 할 수 있는데, 소유주 변동일자, 소유주명, 부동산 실거래가 등을 통해 부정 발생의 증거를 발견할 수도 있다.

부동산등기부등본은 표제부, 갑구, 을구로 구성되어 있다. 표제부에서는 부동산의 소재지 및 해당 부동산에 대한 설명이 있다. 토지인 경우 지번·지목·면적 등을 나타내며, 건물인 경우 지번, 건물명칭, 구조, 용도, 면적 등을 확인할 수 있다. 갑구에서는 소유권에 관한 사항을 파악할 수 있다. 소유권의 변동사항, 압류·가압류 등의 관련 사항이 기재된다. 을구에서는 통상 담보권을 확인할 수 있다. (근)저당권 및 전세권 등이 기재된다. 해당 부동산이 담보로 제공되어 있다면 을구에서 확인해볼 수 있다.

국세청 홈택스

국세청 홈택스(www.hometax.go.kr)에서 제3자 발급사실 조회 기능을 통해 진위 여부 확인이 가능하며, 법인의 사업자등록 상태를 조회할 수 있다.

전자세금계산서는 구매 단계에서 증빙으로 많이 이용하고 있으나 세금계산서 발부 이후에도 금액 수정이 가능하며 최종적으로 부가가치세 신고 단계에서 해당 세금계산서를 제외할 수 있다. 이러한 특성 때문에 세금계산서 자체만으로는 충분한 증거가 될 수 없으므로 제3자 발급사실 조회 기능을 통해 진위 여부를 확인해볼 수 있다. 또한 사업자등록번호만으로 해당 사업장의 상태를 파악할 수 있으며, 휴·폐업의 정확한 시기도 확인할 수 있다.

[그림] 전자세금계산서 제3자 발급사실 조회

[그림] 휴 폐업사실 조회

국토교통부 실거래가공개시스템

국토교통부 실거래가공개시스템(rt.molit.go.kr)에서는 아파트를 포함한 주택, 상업/업무용 부동산, 토지 등 부동산 실거래가를 조회할 수 있다. 또한, 주민센터에서 확정일자를 부여받은 주택의 전·월세 실거래가도 조회가 가능하다.

실거래가공개시스템을 통해 거래 사실 여부, 거래대금까지 파악할 수 있어 계약서대로 거래가 이행되었는지, 이면계약서가 있었는지 등을 확인할 수 있다. 주변 시세보다 너무 높거나 낮은 가격으로 거래된 경우에는 부당한 거래가 있었을 가능성이 높다고 판단한다.

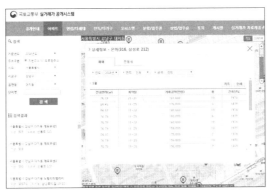

[그림] 국토교통부 실거래가 조회

전자공시시스템(DART)

전자공시시스템(DART, Data Analysis, Retrieval and Transfer System)은 법인의 공시서류를 인터넷을 통해 조회할 수 있도록 하는 기업 공시 시스템이다. 주권상장법인은 정기 공시를 통하여 사업보고서 및 분·반기 보고서를 공시하며, 이를 통해 기업에 대한 전반적인 이해가 가능하다. 주요 사항 보고서를 통하여 회사 존립, 조직 재편성, 자본 증감 등의 내용을 파악할 수 있다. 외부감사 대상 법인의 감사보고서를 통해서는 재무적 지표 등의 정보를 얻을 수 있다.

조사하려는 기업이 위에서 기술한 대로 전자공시시스템에 공시할 의무가 있는 기업인 경우 해당 기업의 부채비율이나 자본잠식 여부 등의 정보를 파악함으로써 부정행위가 일어날 잠재적인 가능성을 판단할 수 있다.

[그림] 전자공시시스템

　　공시정보상 특수관계인과의 거래 또는 주요 거래처 목록 등을 통해 조사대상 기업이 특수관계에 있는 법인 또는 개인과 거래가 있었는지에 대한 분석도 가능하다. 거래 규모, 거래 시기에 대한 기본 정보를 획득한 이후 추가 자료를 수집하는 경우에 협력업체와 부당한 거래가 있었는지 확인하는 데 도움이 된다.

인터넷 검색

　　가장 접근이 용이하고 직관적인 정보를 취득할 수 있는 방법으로, 실무에서 가장 많이 사용하는 방법이다. 검색엔진에 키워드를 입력하고 관련 정보를 검색하여 유의미한 정보를 찾아낼 수 있고, SNS를 통해 인간관계나 이동경로 등의 정보를 파악할 수 있다.

　　가령, 회사에서 제공한 조사대상자의 이름·연락처·ID 등의 기본

[그림] SNS

정보를 검색엔진을 활용하여 검색하면 조사대상자의 인터넷 커뮤니티·카페·블로그·기타 SNS 등의 공개된 활동 내역을 확인해볼 수 있다. 때로는 이러한 기본적 인터넷 검색을 통하여 협력업체 임직원과의 부적절한 관계나 접대 등 사내 윤리규정을 위반한 행위가 적발되기도 한다.

검색엔진에서 특정 분야에 대한 지식을 얻어 사안의 이해도를 높일 수 있다. 기계부품을 납품하는 회사를 조사하는 경우 전문지식이 없는 경우에는 업체에 대한 이해도가 떨어질 수밖에 없다. 전문지식을 깊이 있게 숙지하는 수준은 아니더라도 블로그, 게시글, 뉴스 검색 등을 통해서 대략적으로라도 이해하게 되면 사안에 더욱 가깝게 접근할 수 있을 것이다.

프로게이머의 승부조작 사건을 맡은 검사가 해당 게임에 대한 이해가 박식하여 사람들의 이목을 끈 적이 있었다. 담당검사가 게임에 대한 지식이 없었다면 승부조작 여부를 쉽게 판단할 수 없었을 것이다. 사안을 조사하고 정확한 결론을 내리기 위해서는 해당 분야에 대한 이해가 깊을수록 좋다는 것은 당연한 이치다.

제3절
내부데이터

이 절에서는 내부감사 업무에서 활용될 수 있는 내부데이터에 대해 소개하고 이를 활용할 수 있는 방법에 대해서 알아보도록 하자. 내부데이터는 회사에서 생성, 관리, 보유하므로 관련 부서에 요청하여 확보할 수 있다. 내부데이터에 대해서는 외부감사인보다 회사에서 실제 업무를 경험한 직원이 더 상세하게 파악하고 있을 것이다. 회사마다 다양한 형태로 작성, 관리되고 있기 때문에 내부데이터에 대한 설명보다 내부데이터를 어떻게 감사에 활용할 수 있는지에 중점을 두고 설명하고자 한다.

설명하기에 앞서 일정 규모 이상의 회사들은 ERP를 통해 내부데이터를 관리, 보관하고 있다. 흔히 '전사적자원관리'라고 번역되는 ERP(Enterprise Resource Planning)란 기업 내 생산, 물류, 재무, 회계, 영업과 구매, 재고 등 경영 활동 프로세스들을 통합적으로 연계해

제조 관리

• MRP
• R&D
• 작업 센터
• 일정계획
• 유지보수

기업 서비스 관리

• 여행
• 시설
• 법률서비스
• 인센티브

인적자원관리

• 충원
• 혜택
• 급여
• 교육훈련

ERP

고객상품관리

• 판매 주문
• 가격 결정 시스템
• 필드서비스
• 품질통제

공급사슬관리

• 예측
• 구매
• 유통
• 재고
• 협업

재무관리

• 회계
• 원가통제
• 분석
• 비용관리
• 예산

[그림] ERP(Enterprise Resource Planning)

관리해주는 시스템으로 회사 내에서 발생하는 일련의 과정들을 모아
놓은 내부데이터의 창고라 할 수 있다. 앞으로 소개되는 내부데이터의
상당부분은 ERP를 통해 습득할 수 있는 경우가 많을 것이다.

회사규정

회사가 내부적으로 정한 윤리강령, 구매규정 등은 최고경영자의 윤리경영 실천 의지를 보여주는 기본 자료다. 규정은 마련되어 있으나 사문화되어 정작 현업에서는 잘못된 방법인 줄 알면서도 관행적으로 업무를 처리하고 있는 경우, 그 조직은 부정행위의 가능성이 매우 높다. 우리는 임직원들이 규정을 잘 모르는 경우 부정의 가능성이 더 높다고 생각하기 쉽다. 원칙에 맞지 않는 행동인지 애초에 몰랐기 때문에 의도하지 않은 부정을 저지르게 되었다는 것은 우리가 듣게 되는 가장 흔한 변명이기도 하다. 하지만 오히려 규정을 잘 알고 있는 사람이 부정을 저지르는 경우를 더 많이 보게 된다. 이들은 규정을 잘 알고 있기 때문에 그 허점을 이용하여 규제를 피하는 방법도 잘 알고 있다. 감사 착수 이전에 규정의 내용을 파악하고 규정 자체의 취약점을 찾으면 조사 대상의 범위를 정하는 데 도움이 될 수 있다.

구매규정에서 일정 금액 이상의 계약은 상급자의 승인과 타 부서의 검토를 필요로 한다. 이러한 경우 개인이 임의로 조작, 은폐할 수 있는 폭이 좁아지기 때문에 일정 금액 이하로 계약을 분할하려는 유인이 크다. 큰 규모의 계약일수록 부정의 가능성이 높다고 판단하여 감사 범위를 일정 금액 이상으로 제한할 경우 분할계약 건은 검토할 수 없게 된다. 부정행위는 오히려 소액의 수의계약이나 정기적으로 발생하는 계약에서 발생하는 경우가 많다.

회계데이터

회계는 '기업의 언어'라고 불릴 만큼 회계데이터는 기업 내부에서 발생하는 일련의 과정들을 기록한 결과물이다. 추이 분석, 비율 분석, 패턴 분석 등 회계 정보를 활용하여 부정의 징후를 탐지할 수 있다.

연중에는 일정 규모로 유지되다 연말에 갑자기 비용이 증가하는 경우 예산을 소진하기 위해 불필요한 지출을 감행하는 부서가 있지는 않은지 의심해볼 수 있다. 또 다른 예로 어느 시점부터 특정 거래처에 지급하는 대금이 급격하게 증가하는 경우 공급업체로부터 뇌물을 수수했을 가능성을 생각해볼 수 있다. 이러한 경우 해당 공급업체는 뇌물을 주기 위해 공급단가를 인상하지는 않았는지, 타 업체가 제시한 단가와 비교하여 단가가 너무 높은 것은 아닌지 사고의 범위를 확장하여 따져볼 필요가 있다.

또한, 앞서 설명한 기업신용정보, 외부공시자료, 법인등기사항, 기업의 내부데이터를 취합하여 부정이 의심되는 협력업체의 설립 시기, 협력업체 등록 시기, 임원 구성 현황, 급격한 매출(매입)의 증감, 용역 대가의 특이한 지급 내역 등을 추적해볼 수 있다.

업무문서

감사인은 조사에 착수하기 전에 사안에 대해 전반적으로 이해하는 것이 중요하다고 앞서 기술한 바 있다. 조사대상과 관련된 업무문서를 한데 모아 시간 순으로 나열하며 개괄적인 흐름을 파악해보면 사안에 대한 이해도를 높일 수 있다.

한 임원이 특정 업체로 일감을 몰아주는 것으로 의심되는 징후를 포착하였다고 가정해보자. 구매 승인을 요하는 품의서, 회의록(금액 규모가 큰 납품거래라면), 사업계획표, 예산서 등 다양한 형태의 계약 준비 자료가 있을 것이다. 거래처를 선정하기 위한 입찰공고자료, 입찰 참여 업체가 제출한 제안서, 평가 기준, 평가표가 있고, 최종 낙찰 이후에는 계약서·정산서·검수 내역·출금 기록 등이 있을 것이다. 이러한 문서를 수집하면서 납품계약이 어떠한 방식으로 성사되어 거래되고 있는지 파악해보는 것이다.

임직원 및 방문객 출입 기록

사안에 따라서는 임직원 및 방문객의 일정을 파악하는 것이 도움이 된다. 부정은 사람에 의해 이루어지는 것으로, 사람의 행동을 유추해보려는 접근 방식은 부정 적발에 필수적이라 할 수 있을 정도로 매우 중요하다.

직원은 정상적으로 출근하여 업무를 수행하였다고 주장하나 해당 기간에 출장이었거나 연차 신청을 한 기록이 있는 경우에는 단순한 혼동인지, 의도된 발언인지 좀 더 신중하게 판단해야 한다. 이러한 경우에는 출퇴근시각, PC 사용 이력, 법인차량 사용일지 등으로 사실 여부를 따져볼 수 있다. 회사에서는 외부 방문객에 대한 정보를 수집하기도 하는데, 방문자 기록을 통해 입찰공고 전후로 특정 업체 대표 또는 임원이 공식적 일정이 있는 것도 아닌데 여러 차례 방문한 경우, 퇴사자가 특정한 사유 없이 자주 방문하는 경우에는 부정의 가능성이 높다고 판단한다.

법인카드 사용 이력

통상적인 내부감사 업무에서 법인카드 사용 이력은 휴일 사용, 근무지 외 사용, 유흥주점 사용 등 규정 외 사용에 대한 검토를 하는 것이 통상적일 것이다. 법인카드 사용의 용도보다 결제 위치, 결제 시각 정보에 중점을 두고 정보를 수집하면 법인카드 이용자의 이동 패턴을 유추해볼 수 있다.

공급업체 방문 일자에 늦은 시간에 택시로 귀가하는 경우, 공급업체 소재 지역 근처에서 커피숍이나 편의점 등에서 소액 결제한 시각을 확인하는 방법 등으로 공급업체 직원으로부터 뇌물, 향응 수수 등 부정의 가능성을 따져볼 수 있다.

인사기록

인사기록을 통해 임직원의 가족사항, 거주지, 출신학교, 이전 근무지 등을 파악하여 지인관계가 있을 가능성에 초점을 두고 검토한다. 다만, 인사기록은 내부감사 권한이 있다고 해도 아무런 제한 없이 자유롭게 접근할 수 있는 자료는 아니다. 정당한 사유 없이 무차별적으로 열람할 수는 없기 때문에 사안에 대해 어느 정도 정황적 근거가 있을 때 인사부서에 요청하여 받아내는 것이 통상적이다. 인사기록은 개인의 민감한 정보를 다수 포함하고 있기 때문에 감사 권한을 남용하지 않는 범위 안에서 검토할 것을 강조하고 싶다.

인사기록은 면담 시 상대방 진술의 진실성을 파악할 때 간접적으로 이용하는 경우가 가장 흔하다. 인사기록을 통해 금방 드러나게 되어 있는 정보도 사실과 다르게 이야기하는 경우 다른 진술에 대해서도 신뢰성이 낮다고 평가하게 된다. 면담 시작 단계에서 주의를 환기시키기 위해 이전 이력에 대해서 질문하기도 하는데, 동종업계에서 근무한 이력이 있음에도 해당 업계의 분위기를 잘 몰랐다는 등의 답변을 하는 경우 앞으로 이어지는 질문에 대해서도 협조적이지 않을 가능성에 대비하여 신중하게 접근하는 것이 좋다.

제4절
디지털 수집 정보

  본 절에서는 내부감사에서 활용될 수 있는 디지털 수집 정보와 그
활용 방법에 대해서 알아보도록 하자. 기업 내에서 발생하는 데이터의
양이 폭발적으로 증가하고 있는 오늘날 문서 검토 위주의 전통적인 감
사 기법으로는 한계에 봉착할 수밖에 없다. 환경 변화에 따라 감사 기
법이 진화하는 과정에서 디지털 수집 정보를 활용하려는 움직임이 생
기기 시작하였다. 실제 부정을 저지르는 과정에서 전자문서 또는 파일
을 변경, 위조, 삭제 하는 등의 조작이 많이 일어나고 있다. 디지털 수
집 정보는 생소하게 여겨질 수 있으므로 구체적 사례를 들어 쉽게 풀
어 설명하고자 한다.

  설명하기에 앞서 회사가 사내전화, 메신저, 전자메일, CCTV 및 PC
에 대한 접근을 포함한 모든 형태의 전자적 감시에 대한 엄격한 통제
를 구축하는 경우에는 이러한 통제가 법적으로 문제가 없는지 미리 점

검할 필요가 있다[*].

회사 서버

일반적으로 대부분의 기업에서는 다양한 데이터들을 서버에서 관리하고 임직원이 개인용 컴퓨터를 통해 서버에 접속하여 정보를 이용하는 구조로 구축되어 있다. 이메일 서버의 경우 임직원들이 사용하는 이메일 데이터를 일정기간 보존, 관리하여 모니터링할 수 있도록 설정되어 있다.

이메일 서버에 보관되어 있는 데이터를 활용하면 임직원이 사용하는 이메일 내용뿐만 아니라 송·수신 관계를 파악할 수 있어 외부 메일로 정보가 유출되는 경로, 임직원 간의 공모 여부 등 부정의 징후를 포착할 수 있다. 구매부서에 있는 직원이 특정인에게 보내는 메일의 빈도가 상당히 높은 경우 유착관계에 있을 가능성을 고려해볼 수 있다.

업무용 PC

임직원이 사용하는 업무용 PC에서는 공식적인 업무와 관련된 정보뿐만 아니라 개인 용도로 관리하는 파일, 메신저 대화 내용, 인터넷 검색 이력 등의 비공식적 정보를 획득할 수 있다. PC 사용자가 삭제한

---

[*] 포렌식 탐정의 화이트칼라 범죄 제거전략[최영곤, 지현미, 2016 교육과학사]

파일까지 복원할 수 있기 때문에 내부감사에서 활용하는 정도가 상당히 높은 데이터이다. 다량의 파일을 일일이 열람해볼 수 없기 때문에 문서 키워드 분석 기능을 이용하여 유의미한 자료를 분류하면 시간과 비용을 절약할 수 있다.

본격적인 감사를 앞두고 업무용 PC를 수거하는 시기에 급하게 삭제된 파일은 은폐하려는 유인이 강한 자료일 가능성이 높으므로 우선적으로 검토한다. 삭제한 파일 중 계약 내용을 조작한 흔적, 인사청탁을 암시하는 이력서 등이 검출되기도 한다. 문서 키워드 분석 기능을 이용하여 부정을 암시하는 의미의 키워드를 넣어 검색한 다음 점점 범위를 확장시켜 부정의 징후를 찾아본다. 키워드는 부정, 뇌물 등의 직접적인 키워드보다 업계에서 사용되는 은어, 약어 등 간접적으로 표현되는 경우가 많다는 것을 유념해두는 것이 좋다.

개인용 휴대기기

임직원이 개인적으로 사용하는 스마트폰, 태블릿 PC, USB, 외장하드 등은 업무용 PC보다 더 유의미한 정보를 담고 있는 경우가 많다. 우리가 현장에서 내부감사 업무를 하면서 업무용 PC를 통해서 개인의 성향, 특성, 행태 등을 20% 정도 파악할 수 있다면 개인용 휴대기기를 통해서는 80% 이상을 파악할 수 있다고 할 정도로 부정행위를 포착하기 위한 가장 유용한 데이터다. 다만, 개인용 휴대기기는 회사의 자산이 아닌 개인 소유이므로 프라이버시 침해의 소지가 있고, 민간의 조사는 법적 수사와 달리 강제적 집행 권한이 없기 때문에 사전에 동의를 구하는 것이 필수다. 부정행위의 정황이 명확하지 않은 이상 자발적인 동의를 구하기가 어렵기 때문에 데이터 입수 시기가 상대적으로 가장 늦는 경우가 많다. 데이터를 확보할 경우 가장 강력한 증거가 될 수 있기 때문에 간접적인 증거들로 상대방을 압박하는 것이 중요하다.

보통 부정행위자보다는 의심을 받고 있는 상황에서 억울함을 증명하고자 자발적으로 동의하는 경우가 대부분으로, 통화기록이나 대화 내용을 개인용 휴대기기 소지자 중심이 아니라 통화나 메신저 대화의 상대방에 주안점을 두어 검토한다.

제5절
제보

제보의 중요성

기업 내 비리 행위를 가장 효과적으로 포착할 수 있는 방법은 고발인 것으로 알려져 있다. 미국의 공인부정조사관협회(ACFE, Association of Certified Fraud Examiners)에서 발표한 연구보고서에 따르면 기업 내 비리 행위를 최초로 감지하는 방법 중 제보자로부터 단서를 제공받는 경우가 가장 많다[*].

조직 내에서 자행되고 있는 부정 행위를 가까운 곳에서 목격하기 때문에 제3자의 검토, 감사를 통해서는 적발할 수 없는 사안까지 제보로 포착해낼 수 있다. 제보자는 기업 내 임직원에만 국한된 것이 아니고 납품업체와 협력업체, 고객까지 확대할 수 있으므로 제보 채널 구축

---

[*] Report to the Nations on Occupational Fraud and Abuse, 2016 Global Fraud Study

[그림] 제보의 중요성

기업 내 부정행위 최초 감지 방법

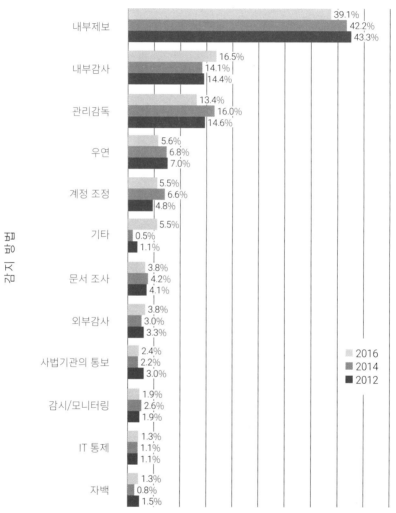

비율

범위를 확대하는 것이 효과적이다.

내부제보 채널 vs 외부제보 채널

실제로 상당수의 기업이 윤리경영의 일환으로 사이버신고센터, 옴부즈만, 신문고 등 자체 제보 채널을 구축하여 운영하고 있다. 제보의 유효성을 인지하고 자정하려는 노력을 하고 있지만 제보 건수가 미미한 수준이어서 큰 효과를 거두지 못하고 있다. 내부제보 채널의 가장 큰 한계점은 익명성 보장에 대한 신뢰도가 떨어진다는 점이다. 기업에서는 제보를 장려하기 위해 익명을 보장한다고 하지만 정작 임직원들은 이를 완전하게 신뢰하기 어렵다. 회사가 보유하고 있는 시스템을 이용하여 제보하는 구조에서는 어떠한 방식으로든 신원이 밝혀질 것이라는 생각에 신고하기를 꺼리게 된다.

이러한 문제점을 보완하기 위해 자체적으로 운영해왔던 내부제보 채널을 외부업체에 위탁하는 대안이 고안되었다. 직장 동료의 부정행

[그림] 청렴신문고

위 등의 사실을 알게 되었을 때 회사에 직접 알리기 꺼려하는 직원을 위해 제3자인 대행회사에 신고토록 하는 것이다. 회사가 자체적으로 운영하는 제보 채널보다 신원 노출에 대한 심리적 부담이 적어 제보율을 높이는 데 도움이 된다는 평가를 받고 있다.

핫라인

행복마루가 제공하고 있는 외부제보 채널 서비스는 제보 채널 구축, 제보 접수, 조사 대행, 포상금 지급 대행, 소송 지원 등 전 단계에 걸친 업무를 지원한다.

Step 1_제보 채널 구축 및 제보 접수

제보 접수 시 접수번호를 부여하고 회사에는 제보자에 관한 정보를 제외하고 제보 내용만 전달한다. 제보 내용에 대한 추가 확인이 필요한 경우 제보 사이트 내 글 남기기 기능을 통해 제보자와 커뮤니케이션이 가능하다. 행복마루가 자체 구축한 제보 채널은 제보자 IP를 수집하는 기능이 없어서 제보자를 알 수 없는 구조로 설계되어 있다.

Step 2_조사 수행

제보 내용에 따라 외부조사가 효과적이라고 판단되는 경우 직접 조사를 수행한다. 제보 내용의 사외 유출을 최소화하는 방향으로 변호

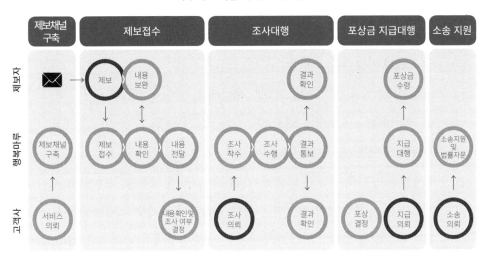

외부제보 채널 서비스 프로세스

사·회계사·디지털 포렌식 전문가 등 전문 조사인력의 수사기법과 노하우를 바탕으로 투명한 조사가 이루어진다.

Step 3_포상금 지급 대행

회사 내부 제도에 따른 포상금 지급 결정 시에도 포상금 지급을 대행해주기 때문에 회사는 조사 이후에도 제보자를 알 수 없다. 실제 제보자에게 포상금을 지급하기로 결정하였음에도 제보자가 이후 외부제보 채널에 접속하지 않아 포상금이 지급되지 못한 적이 있을 정도로 제보자의 신원 보호를 최우선 가치로 삼고 있다.

Step 4_소송 지원 및 법률자문

조사 결과 민형사 소송이 필요할 경우 조사한 제보 건에 대한 정확한 사실관계 파악하에 고소장 대리 작성, 의견서 제출 등 적극적인 소송 지원이 가능하다.

제3자의 입장에서 제보 채널을 운영해본 결과, 익명보다 기명으로 신고한 비율이 내부제보 채널보다 상대적으로 높았고, 유의미한 제보의 비율도 훨씬 높은 것으로 나타났다. 익명으로 신고한 제보 내용은 기명으로 제보한 내용과 비교할 때 단순히 음해성이거나 기타 민원 등이어서 다소 중요성이 떨어지는 경우가 많았다. 신원보호기능 강화로 제보 채널의 순기능이 극대화되는 것을 직접 현장에서 느낄 수 있었다.

제보의 한계

부정행위를 포착하고 적발할 수 있는 방법 가운데 제보가 제일 효과적이지만 제보 채널을 구축하는 것만으로는 기업 내에서 자행되고 있는 부정행위 등을 근절하기에는 충분하지 않다. 제보가 접수되는 시점은 이미 기업 내에서 피해가 발생한 이후일 가능성이 크다. 제보에 의해 착수된 내부감사는 사후적으로 부정행위자를 적발하고 조치하려는 목적이 강하다. 부정행위자가 사후적으로나마 적발되는 경우 조직 내 경각심이 고취되는 점이 있겠으나 그 자체로 사전 예방효과가 있다고 보기는 어렵다.

또한, 내부제보 채널은 참여율이 저조하여 제 기능을 충분히 발휘하지 못하고 있다. 한국에서는 내부고발자를 일종의 밀고자로 인식하고 배척하는 분위기 때문에 제보하지 않으려는 성향이 강하다. 실제로 〈2013년 아시아·태평양 부정부패 보고서〉에 따르면 한국인 응답자 77%가 뇌물수수, 부정부패 등의 사례를 알게 되더라도 제보하지 않겠다고 답변하였다. 제보의 중요성은 알고 있으나 직접 신고까지 하기는 어렵다고 토로한다. 잘못을 바로잡으려는 내부제보자가 철저히 외면당하고 배척당하고 있는 사회현실 탓에 신고를 독려하기 어려운 문화적 한계가 있다. 익명으로 제보한 경우라 하더라도 이를 조사하는 과정에서 제보 내용을 바탕으로 회사 사람들이 제보자를 추측하기도 하여 내부제보자가 심리적으로 고통받을 수도 있다.

이처럼 내부제보에 의존하는 내부감사 기법은 조직 전체의 투명성을 끌어올리기에는 한계가 있다. 이미 피해가 발생한 이후 사후적으로 조치하는 단계에서 벗어나 더욱 적극적이고 포괄적인 접근 방식이 필요하다. 사후 적발적 접근은 손해 금액을 대략적으로 파악해볼 수 있으나 사전 예방적 접근은 금액적 효과를 가늠하기 어려운 까닭에 과소평가되기도 한다. 하지만 피해가 예상되는 부분을 사전에 파악하여 부정행위 자체가 발생하지 않도록 하는 것이 피해를 최소화할 수 있는 가장 좋은 방법이라는 인식의 전환이 필요하다.

감사 혁신.
포렌식이 답이다

제1절
개요

　최근 디지털 기술의 발달로 인해 대부분의 업무 환경은 아날로그 시대에서 디지털 시대로 빠르게 진화하였다. 특히 정부를 중심으로 기업, 학교 등 대부분의 업무가 디지털화되었고, 이제는 스마트 기기를 통해서도 업무를 수행하는 '스마트 시대'로 돌입하고 있는 시점이다.

　이와 함께 범죄 유형 또한 빠르게 디지털화하고 있으며, 이러한 디지털 범죄를 조사하고 추적하여 범죄행위를 밝히기 위해 필요한 디지털 포렌식 기술이 새롭게 조명받고 있다.

　따라서 본 3장에서는 디지털 증거 수집 절차에 대한 전반적인 과정을 기술하여 내부감사인이 디지털 포렌식 기법을 기업의 내부감사 실무에 적용할 수 있도록 하는 데 주안점을 두었다.

　디지털 포렌식 전문감사 절차는 일반적으로 다음의 그림과 같이 5가지 단계로 분류한다. 본 절에서는 단계별로 간략한 개념을 살펴본

후 2절부터는 단계별 상세 내용에 대한 설명을 이어가도록 하겠다.

1단계_사전 준비

디지털 포렌식 전문감사 일정과 규모를 협의하고, 감사대상자 선정 및 수행 방법을 사전에 정의한다. 또한, 디지털 증거 수집과 분석에 필요한 동의서 작성 및 수행 방법 등 실무적 방안을 수립한다.

2단계_증거물 수집

사전 준비 단계에서 획득한 정보를 바탕으로 실제 기업 등 현장을 방문하여 감사대상자로부터 서면 동의를 받은 후 디지털 장치(노트북·PC·스마트 기기 등)에 대해 이미징을 수행한다. 이미징이란 전문 장비를 이용하여 원본과의 동일성 및 무결성이 보장되는 형식의 파일로 복제하는 과정을 의미한다.

3단계_이송 및 보관

수집된 디지털 증거물은 분석을 위해 디지털 증거 분석실로 이송한다. 내부감사에서 기업의 업무용 PC에는 중요한 업무 관련 정보 등이 포함되어 있을 수 있으므로, 별도의 이송 절차 없이 기업 내부에 마련

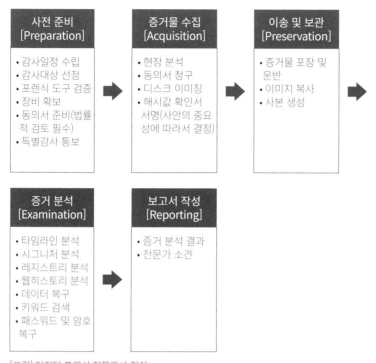

[그림] 디지털 포렌식 전문감사 절차

된 분석실에서 증거 분석까지 수행하는 것이 일반적인 추세다.

4단계_증거 분석

이미징한 디지털 증거물을 복제한 후, 복제된 디지털 증거물을 조사자가 분석하기 용이한 형태로 변환하는 작업을 거친다. 이후 디지털 증거물 내의 데이터를 각종 포렌식 기법으로 분석하여 임직원의 부정 등과 관련된 디지털 증거를 수집한다.

5단계_보고서 작성

발견된 디지털 증거를 대상으로 법률 검토를 수행한 후 최종 결과를 기반으로 내부감사보고서를 작성하고 사건을 종결한다.

제2절
사전 준비

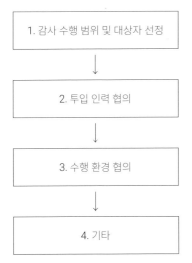

[그림] 사전 준비 단계 업무 처리 절차

업무 처리 절차

사전 준비 단계에서는 디지털 포렌식 전문감사 일성과 규노를 협의하고, 감사대상자 선정 및 수행 방법을 사전에 정의한다. 또한, 디지털 증거 수집, 분석에 필요한 동의서 작성 및 수행 방법 등 실무적 방안을 수립한다. 이외에도 관련 법규 및 지침에 규정된 일반적인 원칙과 절차를 미리 숙지해서 추후 법적 분쟁의 소지가 발생하지 않도록 주의를 기울일 필요가 있다.

감사 수행 범위 및 대상 선정

감사 수행 범위는 전체적인 조사 일정을 고려해서 선정해야 한다. 통상 외부 전문 조사업체의 경우 관련 장비를 보유하고 있고 포렌식 기법을 활용한 경험이 축적되어 있으므로 더욱 광범위한 조사가 가능하다. 실무 경험상 조사 기간을 2개월로 가정할 경우 최대 100대 가량의 PC를 입수해서 분석할 수 있다. 그러나 기업의 내부감사팀이 포렌식 기법을 활용해서 감사를 수행하는 경우 장비 및 전문인력 등의 현실적 제약을 고려해서 조사 대상을 한정할 필요가 있다. 조사 대상은 전사, 부서 등 조직단위, 부정행위가 의심되는 특정 임직원 등이 될 수 있다. 조사의 효율성을 높이면서 최대의 성과를 얻기 위해서는 대상을 선정할 때 다음의 사항을 고려하는 것이 바람직하다.

- 제보 등을 통해 부정 징후가 탐지된 임직원 또는 부서
- 협력업체나 유관업체와 접촉 빈도가 높은 임직원 또는 부서
- 내부통제가 취약하거나 현금화 가능 자산을 취급하는 등 고유 위험이 높은 부서
- 장기간 내부감사가 시행되지 않은 부서
- 실적이 악화되고 있음에도 명확한 이유가 규명되지 않는 부서

- 소수의 특정 임직원이 실권을 장악하고 있으며, 장기간 인원 변동이 없었던 부서

조사 대상이 선정되면 디지털 증거의 입수 날짜를 확정한다. 일반적인 조사 대상은 회사 소유 업무용 PC이므로 업무시간 종료 이후 또는 휴일 등을 활용해서 회사의 업무에 방해가 되지 않도록 하는 것이 좋다. 또한 업무용 PC가 여러 장소에 흩어져 있는 경우에는 장소별로 투입 인원과 장비를 배분하여야 한다.

감사 수행 범위 및 대상 선정 과정에서 가장 주의해야 할 점은 조사 대상자 및 세부 일정 정보를 감사 수행 주체 극소수만 알고 있어야 하며, 절대 외부에 유출되어서는 안 된다는 것이다. 사전에 정보가 새어 나가는 경우 이는 곧 감사 실패로 이어질 수 있다.

투입 인력 협의

감사 수행 범위 및 대상이 확정되면 프로젝트 규모에 따라 투입 인력을 확정한다. 디지털 포렌식 전문감사를 수행하기 위해서는 디지털 포렌식 전문가, 내부감사 전문가, 법률 전문가로 팀을 구성하는 것이 가장 효과적이다.

디지털 포렌식 전문가는 디지털 증거를 수집, 분석, 관리하는 업무를 수행하며, 내부감사 전문가가 부정 등을 조사할 때 분석 가능한 환

경을 구축한다. 디지털 포렌식 전문가는 전통적인 내부감사에서는 접근할 수 없었던 디지털 증거를 내부감사 전문가가 분석하고 판독할 수 있도록 해주는 중추적인 역할을 수행한다.

내부감사 전문가는 전반적 부정행위를 조사하고 필요 시 인터뷰 등을 수행하여 최종 부정행위를 확인하고, 이를 회사 경영진 등에 보고하는 역할을 수행한다. 주로 기업을 대상으로 조사가 이루어지므로 수사관 출신, 회계사, 기업 감사팀 등으로 구성되는 것이 일반적이다.

법률전문가는 내부감사를 통해 발견한 사실을 법률적 관점에서 검토하는 역할을 수행한다. 발견된 사안이 매우 중대하고 심각한 경우 부정행위자를 대상으로 수사기관에 고소, 고발까지 진행하는 경우도 있다. 이때 법률전문가는 고소장 작성 및 수사기관 동행 등을 맡으며, 내부감사 전문가는 고소장에 들어가는 범죄일람표를 작성하는 작업을

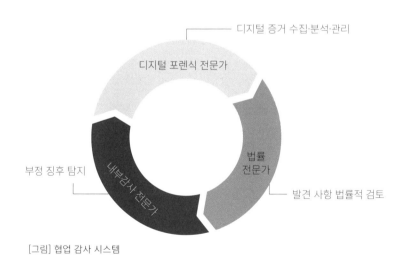

[그림] 협업 감사 시스템

수행한다. 조사 결과가 법정다툼으로 가는 경우는 주로 임직원의 업무상 배임횡령으로 회사에 큰 손실을 끼친 경우다. 통상적으로 업무상 배임횡령은 사안이 복잡하고 이해가 어려운 경우가 많다. 따라서 피해자인 회사가 적극적으로 수사기관을 이해시키고 설명할 필요가 있다.

수행 환경 협의

프로젝트의 수행 범위, 투입 인력 등이 확정되면, 실제 프로젝트를 수행할 장소를 협의한다. 디지털 포렌식 내부감사의 원활한 수행을 위해서는 출입통제장치가 설치된 독립된 공간을 확보하는 것이 좋다. 일반적으로 조사를 수행 중인 기업 내부에 별도의 독립된 공간을 구축하여 프로젝트를 수행하는 것이 이상적이다. 조사대상 업무용 PC에는 감사 목적 외 기업의 업무와 관련된 방대한 정보가 들어 있다. 따라서 기업의 영업기밀 등 정보의 유출을 원천적으로 차단하기 위해서는 기업 소유의 저장장치(하드디스크)를 사용하고 분석 작업도 내부에서 이루어지는 것이 바람직하며, 감사 목적상 사용이 종료된 디지털 증거는 완전삭제 작업을 수행할 필요가 있다.

기타 고려할 사항

원활한 감사 수행을 위해서 회사의 감사팀은 조사대상자에게 디지털 증거(업무용 PC, 스마트폰, 태블릿, 외부저장장치 등)를 제출받는 목적을 명확히 설명하고, 감사팀 또는 외부 전문조사업체가 디지털 증거를 열람하는 것에 대한 동의를 서면으로 받아야 한다. 기업에 소속된 임직원 대다수는 선량하고 부정행위와 무관하다. 그러므로 조사대상자를 선정할 때 사전적 위험 징후에 대한 검토를 충분히 한 후, 명확한 조사 목적을 설정하는 절차가 선행되어야 한다. 부정행위, 영업기밀 유출, 개인정보 관리 실태 파악 등 조사 목적에 따라 관련 대상자에게 조사의 취지를 충분히 납득시킨 후 반드시 자필서명된 동의서를 받아야 하며, 자료 제출을 거부하는 임직원의 디지털 증거 수집은 진행하지 않는 것이 바람직하다.

제3절
증거물 수집

기본 원칙

디지털 증거 수집 단계에서는 다음의 기본 원칙을 준수한다.

- 적법 절차를 준수한 증거 수집을 원칙으로 한다.
- 관련 법규 및 지침에 규정된 일반적인 원칙과 절차를 준수한다.
- 증거물이 물리적인 간섭에 의해 손상되지 않도록 증거 수집에 주의를 기울여야 한다.
- 필요 시, 상황에 따라 모든 과정을 촬영함으로써 증거물의 무결성을 훼손하지 않고 객관적 자료를 확보해야 한다.

준비사항

디지털 증거물을 수집하는 자는 신속하고 효과적인 수집을 위하여 다음과 같은 사항을 사전에 파악한다.

- 컴퓨터 하드웨어, 운영체제, 소프트웨어, 저장장치 관련 정보
- 수집해야 할 매체의 개수나 데이터의 분량
- 필요할 경우 스크립트 사전 제작

디지털 증거를 수집하기에 앞서 관련 전문가로 구성된 증거 수집팀을 구성한다. 증거 수집은 주로 디지털 포렌식 전문가가 담당한다. 증거 수집팀은 증거 수집 담당자와 기술전문가로 구성되고 필요에 따라 변호사 등 법률전문가가 참여하는 것이 효과적일 수 있다. 증거 수집 담당자는 수집 방향을 수립하고 증거 수집 과정을 상세히 기록, 작성한다. 기술전문가는 시스템, 운영체제, 네트워크, 프로그래밍 전문가로 구성되며, 수집을 좌우하는 기술적 한계를 검토한 후 수집 실행 계

[그림] 하드웨어 디스크 이미징 장비

획을 만들고, 수집을 담당한다. 증거 수집에 따른 법률적 검토가 필요한 경우 법률 담당자와 협의를 통해 수집 여부를 검토한다. 증거 수집 팀 구성이 완료되면 증거 수집 방법, 범위, 역할분담, 주의사항에 대한 사전교육을 통해서 증거 수집 실패의 위험을 최소화할 필요가 있다.

디지털 증거 수집은 포렌식 전문 장비를 통해 이루어진다. 디지털 증거 수집 및 현장 초동 분석을 위하여 노트북을 준비하고, 각종 하드웨어 증거 수집 도구(Dossier, Falcon, Media Imager 등)를 준비하며, 하드웨어 증거 수집 도구의 활용이 어려울 경우를 대비하여 소프트웨어 증거 수집 프로그램(EnCase, FTK Imager 등)을 준비한다.

업무 처리 절차

디지털 증거 수집 단계에서는 주로 디지털 포렌식 전문가가 업무를 수행한다. 실제 조사대상 기업 현장에 방문해서 업무 환경을 구축하고 수집 대상 확인 후 이미징 작업을 통해서 증거를 수집한다. 본 업무 절차를 시간순으로 도식화하면 다음의 그림과 같다.

1. 증거 수집 환경 구축

2. 수집 대상 확인

3. 디지털 증거 수집

4. 증거물 확인

[그림] 디지털 증거 수집 단계 업무 처리 절차

증거 수집 환경 구축

증거 수집을 위해 현장을 방문하면 환경 구축을 진행한다. 환경 구축이란 증거 수집 공간을 확보하고 PC 및 노트북 등 시스템 분해를 위한 테이블 및 분해 도구 배열, PC 이미징을 위한 포렌식 하드웨어 장비(Dossier, Falcon, Media Imager 등)의 설치와 시험운용 등을 의미한다. 환경 구축 시 PC의 반입과 분해, 보관을 적절히 할 수 있도록 공간을 확보, 배치하는 것이 중요하다. 대량의 PC에 대한 이미징이 이루어질 경우 효율적 운영을 위해 여유 공간 및 동선까지 충분하게 고려되어야 한다.

수집 대상 확인

증거 수집 환경 구축이 완료되면, PC 등 디지털 증거 제출이 이루어진다. 이때 제출된 증거의 정상 여부 및 수집 대상자에 대한 확인이 필요하다. 대상자 확인은 이름, 사번, PC, 저장장치 관리번호 등을 확인한 후 대상자의 서명 확인을 받는다. 이때 기업 전산부서 담당자의 도움을 받는 것이 효율적이다. 과거 감사 경험상 고의로 하드디스크 중 일부를 임의 탈착 후 제출하지 않거나 PC 저장장치를 파손한 후 제출하는 경우도 있었다. 따라서 추후 불필요한 분쟁에 휘말리지 않기 위해서 다소 번거롭더라도 디지털 증거 수집에 앞서 수집 대상을 확인하는 절차를 반드시 수행할 필요가 있다.

디지털 증거 수집

수집 대상 확인이 완료된 후, 제출된 PC 또는 디지털 기기에 대해서 디지털 증거 수집 절차를 수행한다. 디지털 증거 수집 절차는 다음 페이지의 그림과 같다.

현장 스케치 및 대상 확인

현장 상황에 따라 수집 데이터가 TB(테라바이트) 이상으로 양이 방대할 경우 수집 시간을 고려해서 대상자의 동의를 구한 후 시스템 및 HDD를 1일 이상 입수, 보관한다. 부득이한 경우 분석에 필요한 증거 데이터만 수집하는 방법도 고려할 수 있다. 하드디스크를 분리하여 데이터를 이미징하는 것을 원칙으로 하되, 이 경우 먼저 기본 입출력 시스템(BIOS), 메인 메뉴에서 시스템 시간과 날짜 정보를 확인하고, BIOS 시간과 표준시간의 오차를 확인한 후 기록한다. 이후 컴퓨터 본체에서 하드디스크를 안전하게 분리한다.

이미징 작업

먼저 대상 시스템 및 PC로부터 하드디스크를 분리한 후 하드웨어 디스크 이미징 장비(Dossier, Falcon, Media Imager 등)를 활용하여 이미징 파일을 생성하고 해시값(디지털 지문이라고도 하며, 이를 통해 디지털 증거의 무결성 검증에 활용)을 계산한다. 이 값은 분석용 사본 및 증거 보관을 위한 보관용 사본을 만들었을 때 각각의 해시값을 비

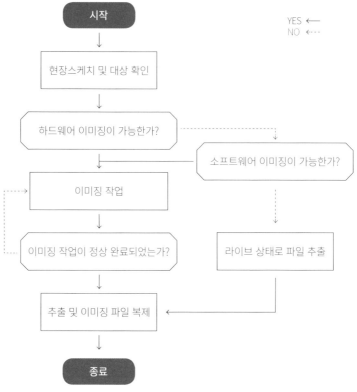

YES ←
NO ←---

시작

현장스케치 및 대상 확인

하드웨어 이미징이 가능한가?

소프트웨어 이미징이 가능한가?

이미징 작업

이미징 작업이 정상 완료되었는가?

라이브 상태로 파일 추출

추출 및 이미징 파일 복제

종료

[그림] 디지털 증거 수집 절차

교하므로 무결성과 데이터의 원본성을 보장한다. 만약 하드웨어 디스크 이미징 장비가 없다면 증거 수집 전용PC(일반적으로 검증된 노트북 사용)를 이용하여 증거를 수집한다. 이때 기존 분리된 하드디스크를 증거 수집 전용PC에 직접 연결하면 무결성을 보장할 수 없으므로 반드시 쓰기방지(WriteBlocker)장치에 연결한 후 검증된 이미징 프로그램(EnCase Imager, FTK Imager 등)을 이용하여 이미징을 수행한다. 이 때 하드디스크가 노후화, 불량, 충돌, 디스크 암호화 등의 사유

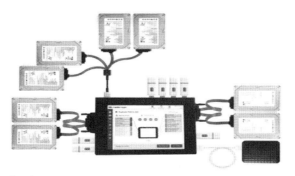

[그림] MediaImager를 이용한 이미징

로 하드웨어 장비를 통한 이미징이 불가능한 경우에는 소프트웨어를
통해 PC 상태 내의 이미징을 시도하여, 이 경우도 불가능하면 라이브
상태로 파일만 추출하여 증거를 수집한다. 수집된 증거 파일은 별도의
하드디스크에 저장한다. 이때 작업 시간 단축을 위해 수집용 저장매체
는 SSD를 사용하는 것이 좋다.

생성된 이미징 검증

이미징 작업은 시간도 많이 소요되고 적법 절차를 통해 진행하므로
문제(이미징 파일을 인식 못하는 경우)가 발생하였을 경우 이미징 작
업을 재수행하기가 어렵다. 그러므로 생성된 이미지를 확인하는 작업
은 필수적으로 수행해야 한다. 소프트웨어 포렌식 도구(EnCase, FTK
Imager)를 활용하여 이미징된 파일의 상태를 확인한다.

이때 포렌식 도구(FTK Imager)를 통해 이미징 파일이 로드(load)되
고, 내부 파일을 확인할 수 있으면 정상으로 판단할 수 있다.

추출 및 이미징 파일 복제

이미징된 파일의 사본을 만드는 것도 중요한 작업이다. 복제 작업을 통해 증거용 데이터 파일을 보관하며, 분석용 사본 데이터 파일을 복제하여 분석하기 때문에 사본 HDD에 대한 해시값도 다시 계산한다. 해당 값은 이미징 작업 때 생성된 값과 비교하여 동일한 해시값이 나올 경우에만 증거로서 무결성이 인정된다. 해시값은 원본성 증명을 위해 반드시 현장에서 생성하여 기록한다.

증거물 확인

디지털 데이터에 대한 이미지를 생성하였다면, 해당 데이터에 대한 해시값을 기록하여 입회인의 서명 날인을 받는다. 일반적으로 수사기관이 아닌 민간기업의 경우 입회인의 확인 절차는 생략하는 경우가 많다. 다만, 조사대상자의 부정행위에 대한 사전정보가 입수되어 추후 고소, 고발까지 진행이 예상되는 경우에는 독립된 제3자를 입회인으로 지정해서 추후 법적 증거력에 대한 다툼의 발생 가능성을 사전에 차단할 필요가 있다.

디지털 증거 이송

업무 처리 절차

디지털 증거 이송은 주로 수사기관의 경우에 중요한 의미를 지니는 절차다. 기업 감사팀 등 민간의 경우 디지털 증거 수집과 분석이 동일한 장소에서 이루어지는 것이 일반적이다. 따라서 디지털 증거 이송은 전반적인 디지털 포렌식 전문 감사 절차 중 중요성이 떨어지는 편이다. 이 책에서는 일반 기업 감사팀 실무자 또는 감사 전문 컨설팅 업체를 대상으로 하고 있으므로 디지털 증거 이송 시 반드시 유념해야 될 핵심 개념만 언급하도록 하겠다.

증거물 목록 작성
증거물 목록 작성 시, 디지털 저장장치의 사본인지를 반드시 확인한다. 일반적으로 디지털 증거물 원본은 별도 공간에 보관하고, 사본을 증거분석용으로 활용하여 증거의 진정성, 무결성 등을 확보한다. 수사기관이 아닌 기업의 감사팀 또는 민간업체의 경우 복제본을 원본으로 보고 별도 사본을 다시 생성한다. 즉, 원본에 대해 2개의 사본을 생성한다.

디지털 증거 포장 및 이송

디지털 증거 이송 시 증거물의 이상 유무를 확인한 후 증거물의 동일성에 문제가 없다고 판단되면, 각 증거물은 이송 과정에서 발생할 수 있는 위·변조 여부를 확인 할 수 있도록 밀봉 전용 특수 테이프(Evidence Tape)와 실(Seal)을 부착한 후 전용 포장재를 이용하여 증거물을 안전하게 포장한 후 디지털 증거 분석실로 이송한다.

디지털 증거 이송 후 확인

증거물 목록과 증거물 간의 비교를 통해 이송 중에 누락 및 도난된 것이 없는지 확인한다. 만약 증거물이 분실된 경우 해당 증거물을 분실 목록에 기입한다. 디지털 증거 이송 전 확인 때와 마찬가지로 각 증거물들의 밀봉 전용 특수 테이프(evidence tape)와 실(seal)의 상태를 확인하여 이송 과정 중 증거물에 대한 위·변조 여부를 확인한다. 모든 증거물은 무결성 검증을 반드시 수행하고 검증된 증거물만 증거로 활용한다.

제5절
디지털 증거 분석

기본 원칙

디지털 증거의 분석 단계에서는 다음의 기본 원칙을 준수한다.

- 증거 원본의 안전한 보존 및 동일성 확보
- 증거 분석 절차 확인
- 증거 분석 과정의 기록
- 증거 분석 도구의 신뢰성 확보

준비 사항

디지털 증거물을 분석할 때는 신속하고 효과적인 분석을 위하여 다음과 같은 사항에 유의하여 증거물 분석 계획을 수립한다.

- 증거물 분석 계획 수립 시 조사 대상자와 사전 면담을 실시하여 분석의 목적, 분석 대상 및 범위를 명확하게 설정한다.
- 증거 분석 시 필요한 인원 및 장비를 준비한다.

　디지털 증거를 분석하기에 앞서 관련 전문가로 구성된 디지털 증거분석팀을 구성한다. 디지털 증거분석팀은 분석 담당자, 기술 전문가, 법률 전문가로 구성한다.

　분석 담당자는 분석 방향을 수립하고, 증거 분석 과정을 상세히 기록한 결과서를 작성한다. 보통 기업에 대한 이해도가 상대적으로 높은 내부감사 전문가(내부감사사, 회계사 등)가 투입된다.

　기술 전문가는 운영체제, 데이터베이스, 네트워크, 프로그래밍 등 분야별 전문가로 구성하며, 분석을 좌우하는 기술적 한계를 검토한다. 이 역할은 디지털 포렌식 전문가가 맡으며, 내부감사 전문가와 유기적인 협업을 통해 부정행위 등에 결정적 단서가 될 수 있는 분석 대상 자료를 계속적으로 탐지하고 추출한다.

　법률 전문가는 디지털 증거 분석이 완료된 분석 결과를 검토하여 증거 분석 절차의 적법성 및 발견 사항에 대한 법리적 검토 등을 수행한다. 증거분석팀 구성이 완료되면 증거 분석 방법, 역할 분담, 주의 사항에 대한 사전 교육을 실시한다. 증거 분석 시 증거물의 종류 및 특징에 따라 분석에 필요한 정보 및 기법을 사전에 숙지한다.

증거 분석을 시작하기 전에 장비 및 필요한 도구를 미리 준비하고, 사용법 등을 숙지한다. 장비 준비 시 데이터 복제 및 분석 작업을 효율적으로 수행할 수 있는 성능이 우수한 컴퓨터를 사용해야 하는 점에 유의한다.

증거분석실은 보안이 철저히 유지될 수 있도록 출입이 통제되고 시건장치가 마련되어 있어야 한다. 증거 분석 소프트웨어는 검증된 정품 소프트웨어를 사용하도록 하며 불법 소프트웨어는 증거자료의 신뢰성을 저하시키거나 해킹, 악성 코드 등의 위험이 있으므로 사용하지 않는다. 증거 분석 후 분석 결과의 신뢰성 검증을 위해 추가적으로 같은 기능의 다른 증거 분석 소프트웨어도 준비한다.

디지털 증거 분석

디지털 증거 분석을 위한 환경구축 절차는 다음 그림과 같다.

[그림] 디지털 증거 분석 환경 구축 절차

사본 이미지 생성

원본 이미지(복제) 파일로 분석하는 경우, 사용자의 부주의에 의해

디스크가 물리적으로 손상될 수도 있고 분석시스템의 오류로 인하여 이미지 파일이 손상될 수도 있기 때문에, 사본(백업본) 이미지 파일을 반드시 생성해야 한다.

삭제파일 복구

일반적으로 범죄가 의심되는 직원의 경우에는 PC를 제출하기 전에 파일을 숨기거나 삭제하는 행위를 하기 때문에 기본적으로 이러한 파일들을 찾아내어 복원한다.

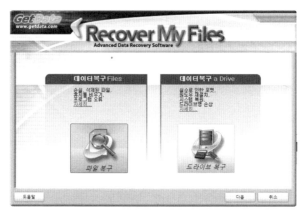

RecoverMyFiles 파일 복구 화면

파일 추출

분석 대상자가 적은(10명 미만) 경우, 추출하지 않고 분석 도구를
사용하여 바로 분석할 수 있으나, 대상자가 많은 경우에는 분석에 필
요한 주요 파일(문서, 이메일 등)들을 추출한 후 파일들을 대용량 디스
크에 저장한다.

항목	설명
Registry	SYSTEM, SAM, SECURITY, SOFTWARE 등 레지스트리 파일
Web	크롬, 인테넷익스플로러 등 웹 히스토리 파일
Document	한글, 오피스 등 문서 파일
Email	MSG, EML, PST, OST 등 이메일 파일
Compression	Zip, Rar 등 압축 파일
Smartphone	Android, ios 등 백업 파일
Database	MDF, SQLLITE 등 DB 파일
Image	JPG, PNG 등 사진 파일
Windows Log	윈도우 로그 파일 추출(SetupAPI, Windows EventLog)
File System	파일시스템 파일 추출($MFT, $USN, $LOG)
Forensic Artifact	포렌식 관련 정보 파일(링크 파일, 프리패치, 점프 파일) 추출

[표] 주요 파일 추출 항목

행복마루컨설팅에서 작성한 추출 Enscript 실행 화면

색인

분석자가 키워드 분석을 수행하기 위해 주요 파일들에 대해 색은 작업을 수행한다. 색인작업이 완료되면 빠르게 키워드 검색을 할 수 있다. 문서보안(DRM)이 적용된 경우에는 문서보안 해제 후 색인작업을 수행하여야 한다.

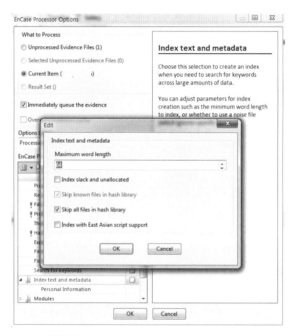

EnCase 색인작업 화면

증거 분석

분석은 사건의 의미를 결정하기 위하여 추출된 데이터를 해석하는 과정이다. 분석 방법은 두 가지로 구분된다. 첫째, 디지털 포렌식 전문가는 타임라인(Timeline), 데이터 은닉, 응용프로그램과 파일, 소유자와 점유자 등의 기술적 분석을 수행한다. 둘째, 내부감사 전문가는 분석이 가능하도록 추출된 자료(문서파일, 이메일, 메신저 등)에 대한 검토를 수행해서 부정행위 등 기업의 규정 및 법률에 반하는 사건을 탐지한다. 이 두 가지 분석 업무는 상호 유기적으로 수행되는 것이 효과적이다. 숨겨진 파일, 암호화된 문서, 스테가노그라피 등과 같은 데이터 은닉은 비전문가가 일반적인 방법으로 확인이 어려운 경우가 대부분이므로 디지털 포렌식 전문가를 통해 지속적으로 찾아내 적시에 제공함에 따라 조사의 성공가능성을 높일 수 있다. 특히, 기업의 영업기밀 등을 포함한 정보의 유출 등에 대한 조사를 수행하는 경우에 내부감사 전문가와 디지털 포렌식 전문가의 협업 시스템은 큰 효과를 발휘한다.

디지털 포렌식 전문가가 수행하는 기술적 분석의 주요 업무는 다음과 같다.

- 타임라인 분석 : 컴퓨터 시스템 상에서 사건이 발생한 시점과 사건이 발생한 시기에 컴퓨터 일부를 사용한 자를 결정하는 데 유용할 수 있다.
- 은닉 데이터 분석 : PC 소유자의 의도에 따라 데이터를 컴퓨터 시스템 상에 숨길 수 있다. 숨겨진 데이터를 탐지 및 복구

해서 분석하는 절차를 통해 PC 소유자의 데이터 은닉 의도 및 중요한 정보를 파악할 수도 있다.

- 응용프로그램과 파일 분석 : 식별된 많은 프로그램과 파일들은 조사와 관련된 정보를 포함할 수 있으며, 컴퓨터 시스템의 사양과 사용자의 컴퓨터 사용 수준을 파악할 수 있다. 분석 결과들은 추가적인 추출과 분석 과정이 필요할 수 있다.
- 소유자와 점유자 분석 : 누가 파일을 생성·수정·접근했는지 식별하는 것이 필수다. 의심스러운 데이터의 소유자와 점유자를 판단하는 것은 중요하다.
- 데이터베이스 분석 : 사내의 데이터베이스로부터 데이터를 추출·분석하여 증거를 확보하는 포렌식 분야로, 분식회계·횡령·탈세를 적발하는 데 사용한다.
- 모바일 관련 기기 분석 : 휴대폰, PDA, 전자수첩, 디지털 카메라, 휴대용 메모리 카드 등 휴대용 기기에서 필요한 정보를 입수하여 분석할 수 있다.

제 4 장
감사 사례 스터디

3장에서는 디지털 증거를 수집하고 분석하는 실무적 절차에 대해 살펴보았다. 포렌식이 내부감사를 수행하는 데 효과적인 도구임은 분명하지만 만능은 아니다. 실제 내부감사의 성공 여부는 조사자의 직관력에 따라 판가름 나는 경우가 많다. 내부감사에서 직관력이란 판단이나 추리 등의 구체적인 조사 절차 이전에 부정의 징후를 직접적으로 파악할 수 있는 전문가적 능력으로 정의할 수 있다. 직관력은 감사 경험, 기업에 대한 폭넓은 이해, 기술, 교육, 훈련, 인간에 대한 이해 등 수많은 요인을 바탕으로 형성되는 것이다. 따라서 직관력을 일반적인 학습으로 습득하기란 매우 어려운 일이다. 그러나 이를 습득할 수 있는 방법이 전혀 없는 것은 아니다. 대체로 조사자의 직관력을 향상시킬 수 있는 가장 효과적인 방법은 타인의 경험을 학습하는 것이다.

4장에서는 실제 현장에서 디지털 증거를 분석하여 각종 부정행위를 밝혀낸 다양한 사례를 수록하였다. 이를 통해 실제 감사현장에서 포렌식 기법을 활용해 기업 내 다양한 부정행위가 밝혀지는 과정을 살펴볼 수 있을 것이다.

감사 혁신,
포렌식이 답이다

제1절
협력업체의 속임수

1단계_시나리오 설정

㈜엔진은 반제품 형태의 엔진을 제조해서 납품하는 회사이다. ㈜엔진은 엔진을 제조하기 위해 일부 특정 자재를 아웃소싱을 통해 외부 협력업체로부터 조달하고 있다. 아웃소싱 협력업체는 모두 3곳으로 모두 ㈜엔진과 10년 이상 거래를 지속해온 회사다. 우리는 구매부서 담당자의 PC에서 협력업체 3곳의 견적서(납품원가명세서)를 검출하여 세부항목별 단가 추이를 검토해보았다. 검토 결과, 3개 업체가 특정 자재를 생산하는 데 사용되는 특수윤활유 단가가 2015년 1월부터 2배가량 증가했다는 사실을 확인할 수 있었다. 특수윤활유는 제품의 불량률 등에 영향을 줄 수 있으므로 ㈜엔진은 규격에 부합하는 특수윤활유 납품업체를 3곳의 아웃소싱 협력업체에 지정해주고 있었다. 따

라서 우리는 특수윤활유의 비정상적인 단가 인상에 ㈜엔진 구매부서 담당자와 특수윤활유 납품업체 간 결탁에 따른 부정이 개입되었을 가능성이 있다고 판단하고 세부 조사를 수행하게 되었다.

2단계_조사(디지털 증거 분석)

입수된 PC를 통해 해당 자재 품목을 검색한 결과, 구매부서 직원의 PC에서 이메일, 품의서 등 다양한 자료가 검출되었다.

발견된 품의서는 특정 자재를 납품하는 아웃소싱 협력업체에 보내는 공문서였다. 품의서를 통해 특수윤활유 단가 인상은 불량률을 감소시키기 위해 특수윤활유 품질 및 규격을 높임에 따른 것으로, ㈜엔진의 대표이사까지 승인한 정상적인 거래로 확인되었다. 1단계 시나리오 설정 단계에서 추정한 구매부서 임직원의 부정 등은 개입되지 않은 것으로 확인되었다. 특수윤활유를 취급하는 동종 업체로부터 가격정보를 확인해보니 구매단가 역시 정상적인 수준이었다. 여기까지는 딱

> 고객사의 요청에 따라 특수윤활유 사양 및 품목이 변경되었음.
> 따라서 2015년 1월 1일부로 2014년 1월 1일부터
> 2014년 12월 31일까지 투입된 특수윤활유 단가 인상분을
> 소급하여 정산해주기로 함
> 정산을 위해 해당 기간 특수윤활유 거래명세서를
> 2015년 1월 31일까지 구매부서 ○○○에게 제출 바람

[그림] 특수윤활유 단가 인상에 대한 품의서

파일 생성 일자: 2007년 3월 8일
마지막 수정 일자: 2015년 1월 21일
파일 만든 사람: 김윤활
마지막으로 수정한 사람: 박외주

[그림] 이메일에서 확보한 거래명세서

히 특이점이 없는 정상적인 거래라고 볼 수 있다. 다만, 2014년 1년치 특수윤활유 투입 단가가 사후에 소급 정산되었다는 점에 착안하여 우리는 아웃소싱 협력업체가 2014년 1년 동안 자재 생산에 투입한 특수윤활유에 대해 추가 조사를 수행하기로 했다.

포렌식을 활용한 내부감사의 장점은 가급적 조사대상자에게 조사 경과를 노출하지 않고 입수된 디지털 증거에서 혐의에 대한 증거를 충분히 확보할 수 있게 해준다는 점이다. 우리는 2015년 1월 중 구매부서 담당자가 외부로부터 수신한 이메일을 조회해서 아웃소싱 협력업체가 ㈜엔진 구매부서 담당자에게 발신한 정산 증빙(거래명세서)을 모두 확보할 수 있었다. 이메일에 첨부된 거래명세서는 엑셀파일 형식으로, 작성자는 특수윤활유 납품업체 영업담당자 김윤활이었다. 엑셀로 작성되는 견적서 및 거래명세서는 상대적으로 위·변조가 용이하다는 점에 착안하여 우리는 입수된 거래명세서의 파일 정보에 대한 검토를 수행했다. 그 결과, 특이하게도 세 곳 중 한 협력업체가 제출한 거래명세서 중 2014년 3월부터 9월까지 7개월간 거래명세서 파일의 최종 수정 일자가 2015년 1월 21일로 확인되었다. 마지막으로 파일을 수정한 사람 역시 특수윤활유 납품업체 직원이 아닌 아웃소싱 협력업체 소속 직원 박외주로 확인되었다. 우리는 수집된 증거를 바탕으로 특정 협력업체가 특수윤활유는 육안으로 구분이 어렵다는 점을 악용해서 실제는 낮은 규격의 특수윤활유를 자재 생산에 사용하고 사후에 거래명세서를 위·변조하는 방식으로 부당하게 인상분을 소급해서 정산받은 정황을 포착할 수 있었다.

3단계_확인(관련자 면담)

우리는 디지털 증거 분석을 통해 수집된 자료를 가지고 회사 구매부서 담당자와 면담을 실시했다. 아웃소싱 협력업체가 제출한 거래명세서의 위·변조 정황에 대해 설명하고 어떤 절차를 통해 이를 검증하였는지 질문한 결과, 거래관계가 오래된 협력업체이므로 특별한 의심을 하지 않고 거래명세서를 바탕으로 정산해주었다고 답변했다. 우리는 구매부서를 통해 윤활유 납품업체의 아웃소싱 협력업체별 공급 내역을 받아서 최종적으로 확인해보았다. 그 결과, 특정 협력업체가 타업체로부터 구매한 저가의 특수윤활유를 사용했음에도 회사에는 지정된 납품업체의 특수윤활유를 사용한 것으로 단가를 속여서 청구하는 방식으로 약 8억원의 부당 이득을 취했다는 사실을 입증할 수 있었다. ㈜엔진의 경영진은 우리가 발견한 사실을 바탕으로 부당한 이득을 취한 아웃소싱 협력업체에 내용증명을 발송하였으며 피해 금액을 모두 돌려받을 수 있었다.

제2절
믿었던 부하직원의 배신

1단계_시나리오 설정

조사 대상은 특정 모기업의 B2C(기업과 소비자 간 거래)사업부가 분리되어 설립된 자회사 ㈜판매였다. 모기업의 경영진은 B2C 유통 채널을 강화할 목적으로 별도 법인 설립을 결정하였으며, 오랫동안 함께 일하며 신뢰가 두터웠던 부하직원 김배신(가명)을 ㈜판매 대표이사로 선임하였다. 그러나 분리된 자회사는 불과 3년이 채 지나지 않아 완전 자본잠식(파산 직전) 상태에 이르렀다. 행복마루는 모회사 경영신으로부터 ㈜판매가 이 지경에 이르게 된 명확한 원인을 밝혀달라는 요청을 받고 조사에 착수하였다. 행복마루는 본격적인 디지털 증거 분석에 앞서 ㈜판매의 3개년치 재무제표 및 부속 명세서를 받아서 자본잠식의 주요 원인을 사전적으로 분석하였다. 그 결과 지속적인 영업적자의 주요 원인에 해당되는 거액의 비용항목을 특정할 수 있었으며, 이를 집중 분석 대상으로 삼고 세부 조사에 착수하였다.

2단계_조사(디지털 증거 분석)

조사 대상 자회사인 ㈜판매의 주요 유통 채널은 홈쇼핑과 텔레마케팅(TM) 2가지로 구성되어 있었다. 홈쇼핑 거래의 일반적인 구조는 다음 그림과 같다.

소비자를 대상으로 하는 일정 규모 이하의 회사는 대부분 벤더사를 경유해 홈쇼핑 방송을 하게 된다. 벤더사는 방송 시간 확보 및 방송 준비 등을 위한 용역을 제공하고 일정한 수수료를 받는 구조다. 한편, 홈쇼핑 방송사의 수수료 정산 방식은 판매액의 일정비율을 지급하는 방식과 방송 시간을 이용하는 대가로 고정된 수수료를 지급하는 정액제 방식이 있다. ㈜판매의 경우에도 홈쇼핑 벤더사를 이용하고 있었으며, 방송 수수료 지급 방식은 정액제였다.

[그림] 홈쇼핑 거래 구조

우리는 우선 입수된 디지털 증거에서 계약서를 바탕으로 시점별 거래 내역을 확인하였다. 그 결과, ㈜판매가 설립된 이후 얼마 지나지 않아 홈쇼핑 벤더사 및 홈쇼핑 방송사가 모두 새로운 업체로 변경된 사실을 알 수 있었다. 업체 변경에 대한 품의서를 확인해보니 업체 변경 사유는 '방송 운영의 전문성 강화 및 수수료 절감'으로, ㈜판매 대표이사 김배신이 최종 승인한 것으로 확인되었다. 우리는 품의서에 명시된 사유의 진위 여부를 확인해보기로 하였다.

변경된 홈쇼핑 벤더사의 기업정보를 신용평가기관을 통해 조회해본 결과는 다음과 같았다.

변경된 홈쇼핑 벤더사 ㈜벤더는 여러 가지 정황상 상당히 의심이 가는 업체였다. 첫째, 대표자 최번개가 이전에 근무한 회사는 국내 홈쇼핑 벤더사 중 3위권 안에 드는 업체로 홈쇼핑 벤더사 변경 전 본래 ㈜판매의 모기업과 거래하던 회사였다. 둘째, 설립일자가 2014년 6월 16일로 ㈜판매가 설립된 직후였으며, 또한 설립 이후 불과 3개월이 지나지 않은 시점에 ㈜판매와 거래가 시작되었다.

회사명 : ㈜벤더
대표자 : 최번개
대표자 이력 : 2007년 4월 ~ 2014년 4월 XX 홈쇼핑 벤더사 근무
설립일자: 2014년 6월 16일
사업장 주소지 : 서울시 강남구 XX동 XX오피스텔 203호
종업원수: 2명

[그림] 변경된 홈쇼핑 벤더사 기업정보

입수된 디지털 증거에서 최번개의 이메일을 검색해본 결과, 최번개는 변경 전 홈쇼핑 벤더사 근무 당시 ㈜판매의 모회사를 담당한 것으로 확인되었다. 또한 최번개와 ㈜판매 대표이사 김배신이 주고받은 이메일에서 자동차 리스 계약서 파일이 검출되었다. 계약서상 계약 당사자는 ㈜벤더로, 해당 차량은 고가의 외제 승용차였다. 우리는 김배신이 PC에 보관하고 있던 이미지 파일을 통해 실제 차량 이용자가 김배신이라는 사실을 파악할 수 있었다. 김배신은 회사에서 법인 차량을 제공받고 있었으나 제공받은 법인 차량은 김배신의 부하직원이 사용하고 있었으며, 본인은 ㈜벤더가 제공하는 고가의 외제 차량을 사용한 것이었다. 또한 제공받은 법인 차량을 사용한 김배신의 부하직원은 팀장 직급으로 홈쇼핑 수수료 정산을 총괄하는 역할을 수행하고 있었다. 우리는 이를 통해 김배신이 협력업체 ㈜벤더로부터 고가의 차량을 제공받은 사실을 파악하고, 홈쇼핑 거래와 관련해서 지출된 비용이 적정한지 추가 조사를 수행하였다.

타 홈쇼핑 벤더사를 통해 정액계약 시 벤더사가 받는 수수료율을 알아보니 해당 업계에서 통용되는 일반적인 마진율은 3~8% 수준으로 확인되었다. 홈쇼핑 벤더사 변경 전 지급한 수수료와 당시 홈쇼핑 업체의 방송시간대별 수수료를 비교해본 결과, 과거 ㈜판매의 모회사가 지급한 홈쇼핑 벤더사의 수수료율은 약 6%대 수준이었다. ㈜판매가 ㈜벤더에 3년간 지급한 수수료는 약 10억원이었다. 조사 당시 김배신과 홈쇼핑 수수료 정산을 담당하는 부하직원은 모두 출근하지 않고 연락이 두절된 상태라 ㈜벤더가 거래한 홈쇼핑 업체의 방송시간대별 수수료 자료를 입수하는 것이 어려운 상황이었다. 그래서 우리는 현재까지 파악된 정황을 바탕으로 ㈜벤더의 대표자 최번개에게 홈쇼핑 정산 내역 및 이체 증빙을 요청하였으나 최번개 역시 자료 제출을 거부하였다. 거래 관련자들의 이러한 비협조적 행동은 본 거래가 비정상적 거래라는 우리의 의심에 더욱 확신을 심어주었다. 우리는 3년간에 걸쳐 이루어진 총 방송 내역을 정리해서 홈쇼핑사에 방송 큐시트 및 수금 내역을 정식으로 요청했으며, 약 일주일이 경과된 시점에 실제 정산 내역 자료를 입수할 수 있었다. 정산내역을 확인한 결과 우리는 놀라운 사실을 알게 되었다. 총 방송 횟수 20회 중 2회는 아예 방송조차 되지 않았으며, 18회는 홈쇼핑 벤더사인 ㈜벤더가 중간에서 약 40%의 마진을 챙긴 것이다. 본 거래를 통해 ㈜벤더는 약 4억원의 부당한 이득을 챙겼으며, 이는 고스란히 조사 대상 자회사인 ㈜판매의 손실이 되었다.

우리는 현재까지 밝혀진 내용을 토대로 ㈜벤더의 대표자 최번개가 단순히 차량 제공 등 일부 편의를 제공한 수준을 넘어 자회사의 대표이사 김배신과 깊은 공모 관계에 있을 것이라고 판단하게 되었다. 최번개가 등기이사 또는 주주로 있는 타 사업체가 있는지 신용평가기관을 통해 조회해본 결과 ㈜공기라는 회사가 추가로 확인되었다.

㈜공기는 제조업체로, 조사 시점까지 ㈜판매에 공기청정기를 약 4,000대(11억원 상당) 납품하였으며, 해당 공기청정기는 판매가 부진

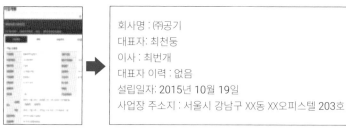

회사명 : ㈜공기
대표자: 최천둥
이사 : 최번개
대표자 이력 : 없음
설립일자: 2015년 10월 19일
사업장 주소지 : 서울시 강남구 XX동 XX오피스텔 203호

[그림] 변경된 홈쇼핑 벤더사 관련기업 정보

하여 ㈜판매의 창고에 약 2,500대가 악성 재고로 방치된 상태였다. 이 역시 매우 의심이 가는 거래였다. 첫째, 대표자 최천둥은 이름과 나이 등을 고려했을 때 최번개의 아버지로 추정되었다. 둘째, 설립일자가 2015년 10월 19일로, 홈쇼핑 거래와 마찬가지로 회사를 설립하고 불과 3개월이 지나지 않은 시점에 ㈜판매와 거래가 시작되었다. 또한 사업자 주소지가 홈쇼핑 벤더사인 ㈜벤더와 동일했으며, 사업장이 오피스텔이어서 제조설비는 물론이고 재고를 보관할 수 있는 창고조차 갖추지 않은 것으로 보였다.

입수된 디지털 증거에서 공기청정기와 관련된 키워드 검색을 통해 계약서, 구매주문서, 세금계산서, 이메일 등의 검출된 자료를 검토한 결과 거래구조는 다음과 같았다.

㈜공기의 업무는 중간에서 구매 발주 및 대금 청구(세금계산서 발행) 외 어떠한 역할도 없었으며, 심지어 운송조차 공기청정기 제조업체에서 한 것으로 확인되었다. 또한 공기청정기 판매가 부진함에도 계속적으로 매입함에 따라 악성 재고를 조사 대상 자회사가 떠안게 되었

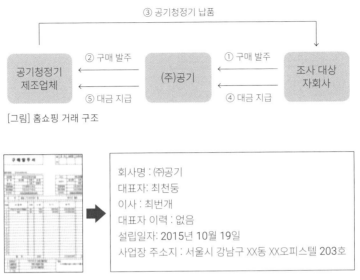

③ 공기청정기 납품

② 구매 발주 | ① 구매 발주

| 공기청정기 제조업체 | ← | ㈜공기 | ← | 조사 대상 자회사 |

⑤ 대금 지급 | ④ 대금 지급

[그림] 홈쇼핑 거래 구조

회사명 : ㈜공기
대표자: 최천둥
이사 : 최번개
대표자 이력 : 없음
설립일자: 2015년 10월 19일
사업장 주소지 : 서울시 강남구 XX동 XX오피스텔 203호

[그림] ㈜공기가 공기청정기 제조업체에 보낸 구매발주서

다. 우리는 ㈜판매의 대표이사 김배신의 PC에서 ㈜공기가 실제 공기청정기 제조업체에 보낸 구매발주서 중 일부를 확보할 수 있었다.

구매발주서상의 매입단가를 확인해본 결과 조사 대상 자회사는 ㈜공기로부터 공기청정기를 대당 280,000원에 구입하였으나 ㈜공기가 실제 공기청정기 제조업체로부터 구입하는 단가는 대당 200,000원으로 확인되있다. 이를 바탕으로 우리는 본 거래 역시 김배신이 최번개와 공모하여 중간에 역할이 불필요한 ㈜공기라는 회사를 설립하여 공기청정기에 대당 80,000원의 마진을 붙여 판매하는 방식으로 약 3억원의 부당 이득을 챙겼다는 사실을 알 수 있었다. 또한 실제 판매가 되지 않는 상품을 계속적으로 매입함에 따라 회사는 약 7억원에 해당하는 악성 재고를 떠안게 되었다.

3단계_확인(관련자 면담)

우리는 〈2단계〉에 걸쳐 파악된 내용을 바탕으로 ㈜벤더 및 ㈜공기의 실질적 대표자인 최번개와 면담을 실시했다. 구체적인 증거를 제시하지 않고 ㈜벤더 및 ㈜공기의 설립에 대한 질문과 조사 대상 자회사인 ㈜판매와 거래에 대해 질문하니 정상적인 거래였다며 일체의 부정행위를 부인하였다. 우리는 이후 포렌식 분석을 통해 입수한 차량 리스계약서, 홈쇼핑 수수료 검토 내역, 공기청정기 매입단가 차이 등 증거자료를 제시하며 최번개에게 세부적인 질문을 하였다. 구체적인 증거를 제시하자 최번개는 당황하는 기색을 보이더니 결국 체념한 듯 모든 행위를 인정하였다.

보통 회사 감사팀 및 민간업체의 경우 증거가 없는 상황에서 피조사자로부터 면담을 통해 자백을 이끌어내기가 매우 어렵다. 이 상황에서 포렌식은 효과적인 대안이 될 수 있다. 기본적으로 전통적인 내부감사는 임직원의 부정행위 징후가 포착된 경우 감사 초기 단계부터 관련자 면담에 중점을 두는 경우가 많다. 그러나 이는 오히려 피조사자로부터 빠져나갈 수 있는 정보 획득 및 증거자료 은닉·훼손 등의 여지를 줄 수 있다는 단점을 가지고 있다. 이에 반해 포렌식을 활용한 감사는 피조사자와 접촉하기 이전에 충분한 증거자료를 수집하는 데 중점을 둔다. 면담을 진행함에 있어 자백을 받아내는 가장 효과적인 방법은 피조사자보다 정보의 우위에 서는 것이라는 점에서 포렌식 감사의 강점은 더욱 두드러진다.

우리는 최번개로부터 자백을 받고 ㈜벤더와 ㈜공기의 통장 거래 내역을 제출받을 수 있었다. 이를 통해 상기 거래로부터 발생한 부당이득 7억원 중 약 5억원은 ㈜판매의 대표이사 김배신 및 심복에 해당하는 부하직원의 가족 명의 통장으로 흘러들어간 사실을 알아냈다. 이후 김배신 등 관련자와 면담을 진행하였다. 이들은 계속 자신들의 행위를 부인하려고 했으나 이미 입수된 증거만으로 범죄사실을 입증하기에 충분한 상황이었으므로 그들의 자백 여부는 중요하지 않았다. 우리는 조사를 의뢰한 회사 경영진에 해당 부정행위를 보고하였으며, 법무법인과 협업을 통해 관련자들을 수사기관에 고소하였고 그들은 모두 검찰에 기소되었다.

감사 혁신.
포렌식이 답이다

제3절
피인수 기업의 인수합병 전 부당거래

1단계_시나리오 설정

본 조사는 빵, 과자 등을 제조 판매하는 ㈜만석을 인수한 신규 경영진의 요청에 따라 이루어졌다. 신규 경영진은 인수 과정에서 회계법인 및 법무법인을 통해 실사를 수행하였다. 그러나 이는 회사가 제시한 자료에 국한되어 이루어지므로 인수일 이전에 ㈜만석에서 이루어진 임직원의 중대한 부정행위가 있는지 조사해달라고 우리에게 요청한 것이다. ㈜만석이 생산한 제품은 주로 백화점이나 대형마트 등을 통해 판매가 이루어질 정도로 소비자들로부터 꽤 좋은 반응을 얻고 있었다. 회사는 제품을 생산한 후 협력업체를 통하여 백화점 등에 납품하는데, 그중 강남식품은 수년간 ㈜만석의 제품을 공급받아 백화점에 유통시켜온 총판이었다. 강남식품은 최근 판매부진 및 운영비 과다지

출이 누적되어 회사 운영이 어려운 상황에 처했다. ㈜만석은 백화점의 기존 유통 채널을 유지할 목적으로 영업양수도를 통해 강남식품을 인수하였다. 우리가 조사 과정에서 주목했던 점은 개인사업체인 강남식품의 대표자가 ㈜만석의 전 대표이사인 김만석의 아들인 김천석이라는 점이었다. 강남식품이 인수합병된 시기는 전 대표이사인 김만석 사장이 재직 중이던 시기였기 때문에 인수합병 과정에서 강남식품의 기업가치를 과대하게 평가해 강남식품의 누적된 부실을 ㈜만석이 떠안도록 했을 가능성이 있다고 판단하여 세부 조사를 수행하게 되었다.

2단계_조사(디지털 증거 분석)

부정 발생 시나리오에 의하면 기업가치가 과대평가된 상태로 영업양수도계약이 체결되었을 가능성이 있으므로 디지털 포렌식을 통해 임직원 PC에서 문서, 이메일 등을 입수하여 자료를 검토한 결과 재무부서 책임자의 PC에서 상기 영업양수도와 관련된 계약서와 기업가치평가보고서가 삭제된 파일로 발견되었으며, 우리는 이 파일을 포렌식 기술을 이용해 복원하였다. 계약서를 통해 확인된 주요 내용은 다음과 같았다.

양수도계약서 1항의 영업권 금액 XX억원과 순자산 장부금액에 대한 근거를 확인하고자 기업가치평가보고서를 검토하였으며 아래와 같은 내용을 확인하였다.

1. 제1조에 기재된 영업양수도 대상에 대한 양수도 대금은 회계 법인이 기평가한 영업권 금액 XX억원과 본 계약 이후 회계법 인이 실시할 201X년 7월 31일 기준 자산부채 실사 결과 순자산 평가액의 합계액으로 한다.

2. 본건 영업에서 201X년부터 201X년까지 발생한 이자, 법인세, 감가상각비 및 무형자산상각비 차감 전 이익(EBITDA)의 총 합계액이 XX억원 미만인 경우 양도대금은 XX억원에 미달하는 만큼 감액하고, 양도인은 감액된 금액을 201X년 4월 말일까지 양수인에게 지급한다(EBITDA가 0원 미만인 경우에는 0원으로 계산함). 다만 영업양수도 이후 양수인이 행한 경영정책(매장 확장 또는 축소 등을 포함하나 이에 한정되지 아니함)으로 인해 EBITDA에 부정적 영향이 발생한 경우 당사자들은 이러한 사정을 합리적으로 고려하여 위 조정기준금액 XX억원을 재조정하기로 한다.

[그림] 영업양수도 계약서 주요 내용

강남식품은 영업양수도 기준일로 자본이 잠식된 상태였다. 강남식품의 채무 상태를 추가로 확인한 결과 채무의 대부분은 ㈜만석에 지급해야 할 상품 외상대인 것을 확인할 수 있었다. 위의 인수합병으로 인해 강남식품은 ㈜만석과의 채무를 상계한 후 청산하였다. 강남식품의 대표자인 김만석은 결과적으로 ㈜만석에 지급해야 될 XX억원의 채무를 면제받게 되었으며, 이는 고스란히 영업양수도 과정을 통해 ㈜만석의 부의영업권으로 계상되었다. 우리는 본 거래가 ㈜만석의 전 대표이사인 김만석의 업무상 배임행위임을 입증하기 위해 강남식품이 거액의 외상대를 지급하지 못한 원인을 추가적으로 확인할 필요가 있었다.

우리는 김만석 사장 비서의 PC에서 강남식품 업무 파일을 일부 발견할 수 있었으며, 외상 매입대에 관한 내용이 다음과 같이 확인되었다.

상기 업무파일에 따르면 강남식품이 백화점으로부터 매월 지급받는 매출채권의 절반 정도만 구매처인 ㈜만석에 지급하는 것으로 되어 있었는데, 이는 김만석 사장이 대금 결제를 미루도록 지시한 것으로 추정되는 문서였다.

3단계_확인(관련자 면담)

디지털 포렌식을 통해 수집하는 정보의 장점은 대상자가 제공하고자 하는 정보 이외에도 업무에 활용한 대부분의 문서를 열람 및 분석할 수 있다는 것과 심지어 앞 단계처럼 이미 삭제됐거나 숨겨진 문서도 분석할 수 있다는 점이다.

디지털 증거를 바탕으로 분석을 수행한 결과 우리는 김만석 사장이 고의로 강남식품의 영업권을 과대평가한 정황을 파악했으며, 이러한 내용이 사실인지 확인하기 위해 김만석 사장의 비서와 면담을 수행하였다. 디지털 포렌식을 통해 발견한 비서의 업무파일에 대해 사실 확인을 요청한 결과 실제로 김만석 사장의 직접적인 지시로 강남식품의 외상대 중 50%만 지급하였으며, 강남식품이 자금난을 겪더라도 김만석 사장이 ㈜만석의 대표이사도 겸하고 있었기 때문에 외상대 추심 요구가 없었다는 답변을 들을 수 있었다. 디지털 포렌식을 통해 수집된 자료들로 퍼즐을 맞춘 결과 김만석 사장의 업무상 배임을 입증할 수 있었던 사례였다. 우리는 이를 바탕으로 강남식품의 회계장부를 추가로 요청해서 자금의 상당 부분이 김만석 회장과 가족들의 개인투자활동 및 생활비 등으로 사용된 사실을 확인할 수 있었으며, ㈜만석의 새로운 경영진은 현재 이 사건에 대해서 업무상 배임행위로 형사고소를 준비 중에 있다.

제4절
임원의 개인사업 영위

1단계_시나리오 설정

㈜커피는 전국에 100여 가맹점이 있는 커피 프랜차이즈 회사다. ㈜커피 경영진은 국내 커피숍 시장의 경쟁이 치열해지자 경쟁력을 강화하기 위해서 미국의 유명 커피 프랜차이즈 회사의 마케팅 팀장 존(John)을 임원으로 영입하였다. 우리는 마케팅 부서의 정보보안 실태 파악 및 업무감사를 수행하던 중 디지털 포렌식을 통해 직원들이 사내 메신저에서 존이 개인사업체를 운영하고 있는 것 같다는 소문에 대해 이야기하는 것을 포착했다.

대화 내용에 따르면 존은 부인 명의로 서울과 인천에서 2개의 개인 커피숍을 운영하는 것으로 추정되었다. 우리는 이러한 내용이 ㈜커피와 고용계약상 겸업금지 조항 등을 위반하는지 사실을 확인하기 위해 세부 조사에 착수하였다.

2단계_조사(디지털 증거 분석)

마케팅 임원인 존이 업무시간 중 개인사업과 관련된 업무에 시간을 얼마나 투입하는지에 대한 증거를 확보하기 위해 존의 업무용 PC를 입수하여 포렌식을 통해 PC의 자료들을 분석하였다. 확인 결과, 존이 PC를 제출하기 직전 삭제하였던 개인사업체 관련 업무파일이 무려 500여 개나 발견되었다. 또한 발견된 파일은 대부분 근무시간 중에 작성되었으며, 그 외에도 근무시간에 개인사업과 관련된 이메일을 수시로 주고받은 것이 확인되었다.

존의 이메일에서 아래와 같은 내용이 발견되었다. 소모품이 떨어져 주문 및 배송을 요청하는 내용의 메일이며, 업무시간 중에 개인사업장을 관리하고 있었던 것으로 확인되었다. 또한 소모품 납품을 의뢰한 업체는 ㈜커피의 기존 거래처였다.

존의 이메일에서 개인이 운영하는 커피숍의 인테리어 공사를 문의하고 실제 진행한 내용이 발견되었다. 인테리어 업체 역시 ㈜커피의 주요 가맹점 인테리어 공사를 담당하는 기존 거래처로 확인되었다.

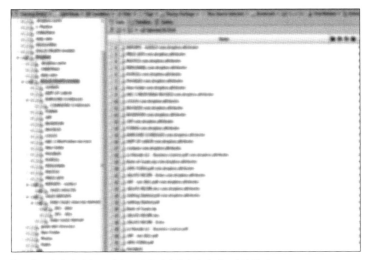

[그림] 마케팅 임원의 PC에서 복원된 개인사업 관련 업무파일 폴더 구조

[그림] 마케팅 임원이 ㈜커피의 거래처에 개인사업체 소모품 납품을 의뢰하는 이메일

[그림] 마케팅 임원이 ㈜커피의 거래처에 개인사업체 인테리어 공사를 의뢰하는 이메일

3단계_확인(관련자 면담)

디지털 증거를 바탕으로 분석을 수행한 결과, 우리는 마케팅 임원인 존이 겸업금지 조항을 위반하여 개인적인 사업을 운영하고 있음을 파악했다. 또한, 업무시간 중에 개인사업과 관련된 일을 하느라 본업에 충실하지 못한 점, 개인사업체의 소모품 및 인테리어 공사에 본인이 소속되어 있는 ㈜커피의 거래처를 이용해서 저렴한 가격으로 부당한 특혜를 받은 사실을 파악할 수 있었다. 우리는 최종적으로 확인된 조사 내용을 바탕으로 존과 면담을 수행하였다. 존은 처음에는 배우자가 운영하는 사업체이며 본인과는 무관하다고 부인하였으나 포렌식을 통해 확보된 증거들을 제시하자 본인이 사업에 관여한 사실이 있음을 시

인하였다.

　업무와 무관한 개인적 일탈과 관련된 본 사례는 일반적으로 제보를 통하지 않고서는 감사 진행 중에 적발하기가 쉽지 않다. 디지털 포렌식을 통해 임직원 사이에 주고받은 메신저, 이메일 등에서 단서를 얻어 최종적으로 부정행위의 증거까지 확보한 사례라 할 수 있다.

감사 혁신,
포렌식이 답이다

제5절
금품 수수

1단계_시나리오 설정

조사 대상은 호텔 등 숙박시설을 운영하는 ㈜숙박이었다. ㈜숙박은 특정 협력업체로부터 음료 제조 기계 및 음료 제조에 필요한 재료를 공급받고 있다. 한편, 조사 대상 회사가 제출한 구매계약서 및 구매 리스트를 입수하여 검토한 결과, 해당 업체로부터 납품받는 음료 식자재가 미미한 수준이지만, 단위당 가격이 매우 비싸게 공급되고 있는 것으로 추정되어 세부 조사를 수행하게 되었다.

2단계_조사(디지털 증거 분석)

디지털 포렌식을 통하여 확보한 업무용 PC의 디지털 자료에서 해당

협력업체 직원이 회사의 구매부서 직원에게 '형님'이라는 호칭을 사용함

[그림] 해당 업체 직원과 구매부서 직원 간 안부 메일

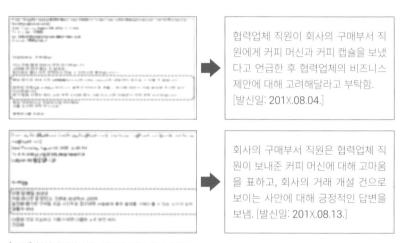

협력업체 직원이 회사의 구매부서 직원에게 커피 머신과 커피 캡슐을 보냈다고 언급한 후 협력업체의 비즈니스 제안에 대해 고려해달라고 부탁함. [발신일: 201X.08.04.]

회사의 구매부서 직원은 협력업체 직원이 보내준 커피 머신에 대해 고마움을 표하고, 회사의 거래 개설 건으로 보이는 사안에 대해 긍정적인 답변을 보냄. [발신일: 201X.08.13.]

[그림] 협력업체의 선물 제공과 업무 청탁 메일

업체와 관련한 키워드로 검색한 결과 해당 회사의 직원과 구매부서 직원 간에 주고받은 다수의 이메일을 발견하였다. 그중 1단계에서 설정한 시나리오를 뒷받침하는 이메일을 선별하여 검토하였다.

해당 업체 직원이 회사의 구매 담당자에게 보낸 안부 메일을 보면 회사의 구매부서 직원에게 형님이라는 호칭을 자연스럽게 쓴 것을 확인할 수 있다. 해당 업체 직원은 구매부서 직원과 업무 관계에서 개인적 친분을 활용하고 있는 것으로 보였다.

구매계약 체결일: 201X.08.04.

[그림] 협력업체와의 구매계약서

또한, 협력업체 직원이 보낸 메일을 보면 회사의 담당자에게 커피 머신과 캡슐을 보내면서 협력업체의 제안 사항에 대한 검토를 부탁하였다. 해당 커피 머신은 시가 200만원 상당의 물품이다. 회사의 담당자는 커피 머신 등의 물품을 수령한 후 회신 메일에 협력업체의 제안 사항에 대해 긍정적인 답변을 하였다. 협력업체 직원과 구매부서 직원이 송수신한 이메일의 내용으로 보아 협력업체는 회사와 거래를 개설하기 위하여 구매부서 직원에게 선물을 주고 직원 간 친분을 활용하였으며, 회사의 구매부서 직원은 물품 구매 계획이 없음에도 협력업체와 구매 계약을 한 것으로 보였다. 또한, 회사와 협력업체 간 구매 계약일이 협력업체 직원이 메일로 청탁한 시점과 같은 날짜로 작성된 점도 회사의 구매 계약이 담당 직원의 금품 수수에 대한 대가일 가능성이 높다는 점을 방증하였다.

3단계_확인(관련자 면담)

우리는 디지털 증거 분석을 통해 수집한 자료를 가지고 회사 구매부서 담당자와 면담을 실시하였다. 담당자는 회사의 물품 구매 계획에 따라 규정과 절차를 준수하여 진행한 계약이라고 항변하였으나, 협력업체 직원과의 친분, 금품 수수에 대한 증거를 제시하자 순순히 수긍할 수밖에 없었다.

감사대상자가 감사부서의 요청으로 제출하는 자료는 실제 부정이 발생하였다고 하더라도 부정을 감추기 위해 위조, 변조, 삭제 등의 과정을 거쳤을 가능성이 높다. 그렇기 때문에 감사대상자가 제출한 자료 검토로는 부정을 입증해내기가 쉽지 않다. 하지만 디지털 포렌식을 통한 자료 수집은 감사대상자에게 문서 위·변조 행위의 기회를 제공하지 않기 때문에 비리행위에 대한 증거 수집이 가능해진다. 상기 사례는 디지털 포렌식을 활용하여 협력업체로부터의 금품 수수 등 윤리규정 위반을 증명할 수 있었던 사례였다.

제6절
인사청탁

1단계_시나리오 설정

식음료 서비스 업체인 백반㈜은 해당 지역에서 제법 인지도가 있는 중견기업이다. 회사의 브랜드 평판이 좋을 뿐 아니라 양질의 서비스로 명망이 높고 여타의 중견기업보다 높은 수준의 복리후생제도를 갖추고 있다. 그래서 취업을 준비하는 대학생들이 선호하는 곳이기도 하다.

백반㈜은 1년에 두 번 정기적으로 신입 및 경력직 채용 절차를 진행한다. 이직 또는 휴직 등의 사유로 결원이 발생하면 채용정보업체에 구인공고를 내서 결원을 보충한다. 하지만 회사에서 제출한 최근 3개년 채용 품의서 및 직원 명부를 검토하던 중 식품영업팀 신입직원 1인의 입사 시기가 그 해에 입사한 다른 신입직원과 차이가 있음을 발견했다. 일반적으로 경력직이 아닌 신입직원의 경우 별도 구인공고나 특별채용 등으로 채용하지 않는 회사의 관례로 보아 정상적이지 않은 채용일 가능성이 있었다.

2단계_조사(디지털 증거 분석)

세부 조사를 위하여 인사팀장을 포함한 인사팀 직원의 업무용 PC에서 해당 직원에 대한 인사정보를 추출하였다.

인사팀 업무용 PC에서 추출한 해당 직원의 이력서는 지원분야가 기재되지 않은 상태였으며, 그 해의 다른 신입직원과 이력서 제출 및 채

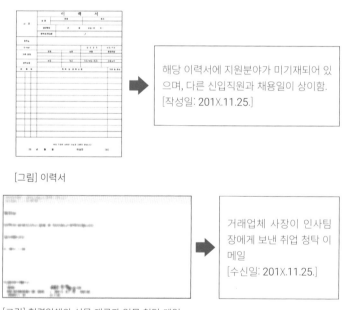

[그림] 이력서

해당 이력서에 지원분야가 미기재되어 있으며, 다른 신입직원과 채용일이 상이함.
[작성일: 201X.11.25.]

거래업체 사장이 인사팀장에게 보낸 취업 청탁 이메일
[수신일: 201X.11.25.]

[그림] 협력업체의 선물 제공과 업무 청탁 메일

용 시점이 다름을 확인하였다. 또한, 정기적인 채용이 아닐 경우 회사 인사팀에서 채용정보업체에 구인공고를 하지만 해당 이력서 작성일 2주 전후로 회사가 이용하는 채용정보업체에서 해당 직무의 구인공고를 확인할 수 없었다.

인사팀장의 이메일을 검색도구를 활용하여 이력서, 검토, 부탁 등 취업 청탁과 관련한 키워드로 검색한 결과 거래업체의 사장이 보낸, 해당 직원의 이력서가 첨부된 메일을 발견하였다. 이력서의 작성일과 메일 수신일이 동일하였고, 거래업체의 사장이 이력서 검토 후 자리를 부탁한다는, 취업 청탁과 관련한 직접적인 표현이 포함되어 있었다.

3단계_확인(관련자 면담)

거래업체의 인사청탁을 뒷받침하는 회사의 인사 관련 기초 자료 및 디지털 포렌식에 의해 확보한 자료를 바탕으로 인사팀장과 면담을 진행하였다. 인사팀장은 채용을 청탁받은 적도 없고 청탁에 의한 채용은 있을 수 없다고 답변하였으나, 디지털 포렌식으로 수집한 증거 자료를 제시하자 청탁받은 사실을 시인하였다. 인사팀장은 해당 부서에 추가 인력이 필요한 상황이었으며, 해당 직원은 회사의 채용 기준에 부합하는 인물이라고 주장하였다. 회사는 채용비리에 연루된 인사팀장을 인사위원회에 회부하고 징계조치하였다.

2012~2013년 강원랜드의 대규모 부정 채용 사건과 관련하여, 신입

1명의 채용 청탁당 입사자 측과 청탁자 사이에 수천만원대의 금품 거래가 있었다는 의혹이 언론을 통해 공개되었다. 이와 같이 채용 청탁은 또 다른 부정행위와 연계하여 나타날 가능성이 높다. 또한 내부 구성원의 사기 저하 및 경쟁력 약화 등 여러 문제가 파생되어 발생할 수 있다. 때문에 회사는 채용비리를 방지할 장치 및 관리·감독을 강화할 필요가 있다.

제7절
부정한 입찰

1단계_시나리오 설정

모 그룹의 감사실은 최근 사업다각화 목적으로 기존 사업과는 큰 관련성이 없는 지방 소재 소규모 제조기업을 인수하였다. 인수 후 감사실은 동 자회사에 대한 조직 정비와 체질 개선을 목적으로 우선 구매부서를 타겟팅하여 구매부서 담당 임원을 포함한 10여 명에 대한 디지털 포렌식 기반 감사를 진행하기로 하고 우리와 협업팀을 구성하여 함께 감사를 수행하였다.

구매부서에 대한 감사에서는 기본적으로 구매행위에 대한 부정을 의심하게 되고, 그러한 부정 행위 중에서 구매입찰과 관련한 부정은 눈여겨보아야 할 부분이다. 따라서 구매부서에서 진행되고 있는 구매입찰 건이 있는지 파악하고, 해당 입찰이 어떤 방식으로 진행되는지 추적함으로써 감사를 수행할 수 있다.

동 자회사는 생산 공장에서 필요한 소모품을 개별로 구매하지 않고, 품목별로 연간 적용할 단가에 대하여 공급업체들로부터 단가 제안을 받아 확정하여 조달하고 있었다. 따라서 입찰 공지, 입찰 단가 접수, 단가에 대한 판단과 업체 선정 과정에 초점을 맞추고 합리적으로 수행되었는지 조사하였다.

2단계_조사(디지털 증거 분석)

감사 과정에서 입수된 구매부서 임직원의 업무용 PC를 디지털 포렌식 과정을 통하여 분석하였다. 우선, 입찰을 접수하고 단가 비교를 위해 취합하는 과정을 구매담당 임원이 직접 수행하였다는 사실을 발견하였다. 또, 관련 파일이 구매부서의 다른 직원들의 업무용 PC에서는 발견되지 않았는데, 구매담당 임원의 업무용 PC에서는 발견되었다. 통상적으로 그러한 실무는 현업 담당자가 수행하고, 임원은 검토와 결재를 하는 것이 일반적이므로 감사팀은 이를 이상 징후가 있는 것으로 판단하였다.

감사 과정에서 입수한 구매부서 임직원의 회사 이메일을 분석한 바, 구매담당 상무의 이메일 계정에서는 4군데의 입찰 참여 회사 중 3군데의 업체로부터 수령한 단가표가 접수되어 있었다.

또한, 엑셀로 작성되어 있는 '2016년 입찰단가 취합' 파일을 발견하여 해당 4개 업체가 제출한 단가가 제대로 취합되어 있는지 확인한 결과, 3개 업체가 제출한 단가 그대로 일치하게 취합되어 있음을 확인하였다.

그러나 해당 파일의 작성자가 'digibak'이라는 이름으로 되어 있었는데, 구매부서 임직원 10여 명 모두의 업무용 PC에서 작성된 파일과 비교해봐도 이와 일치하는 작성자가 없었다. 여기서 해당 파일은 최소한 동 회사의 구매담당 임직원이 작성한 것은 아니라는 사실을 알 수 있었다.

입찰 정보를 취합한 결과가 담긴 엑셀파일은 당연히 회사의 구매담당 직원이 작성하였어야 할 것인데, 사실은 그렇지 않은 상황이었으므로 감사팀은 합리적인 의심으로 입찰 참여업체 중 한 곳이 부정한 방법으로 입찰단가 정보를 입수하여 해당 취합 파일을 작성하였을 수도 있을 것이라고 가정하게 되었다.

입찰에 참여한 업체가 이메일로 제출하였던 단가 견적 파일의 작성 정보를 모두 파악해본 결과, 역시 그중 한 군데 업체가 제출하였던 견적 파일의 작성자가 'digibak'으로 작성되어 있음을 발견할 수 있었다.

입찰 정보 취합 파일이 구매담당 임원의 업무용 PC에서 발견되었고, 그중 한 업체가 취합 파일을 작성한 것으로 확인되었으므로 그 연결고리를 파악하기 위해 감사팀은 구매담당 임원과 해당 견적 업체 대표에 대하여 각각 면담을 수행하였다.

3단계_확인(관련자 면담)

우선 감사팀은 해당 견적업체 대표에 대한 면담을 수행하였다. 상기와 같은 명확한 디지털 증거를 제시하자 업체 대표는 자백을 하였는데, 그 내용은 다음과 같다.

'입찰에 참여한 업체 3군데의 견적이 모두 접수되자 구매담당 상무가 해당 결과가 담긴 파일을 USB 메모리에 담아 심야시간에 해당 견적업체 대표를 찾아왔고, 그 둘은 업체들의 정보를 이용하여 본인들이 제시할 단가 정보를 가장 유리하게 항목별로 기입하여 '2016년 입찰단가 취합' 파일을 해당 업체 대표의 PC(작성자-'digibak')로 직접 작성하였다.'

결국, 파일 작성자가 누구냐는 사소하게 지나칠 수 있는 정보일 수도 있지만 본 사례에서 살펴본 바와 같이 부정을 드러내는 결정적 증거가 될 수도 있다.

제8절
부적절한 금전 거래

1단계 시나리오 설정

모 그룹은 2조원에 육박하는 연매출 규모에도 자체 감사조직이 없는 상태였고, 감사와 관련된 업무는 이슈가 발생할 경우 법무실에서 처리하고 있는 실정이다. 동 그룹에 납품하고 있는 거래처로부터 법무실에 제보가 접수되었으며, 제보의 내용은 동 그룹의 전산담당 부장이 사적으로 금전을 빌려간 후 갚지 않고 있는 상태이니 이를 처리해달라는 것이었다.

사안 자체는 단순하므로 우리는 조사를 의뢰받은 후, 우선 전산담당 부장의 업무용 PC와 개인 스마트폰을 입수하여 분석하기로 하였다.

2단계_조사(디지털 증거 분석)

감사 과정에서 입수한 스마트폰에서는 불법 스포츠 도박과 관련한 게임 정보 문자가 다수 발견되었다. 통상적으로 주식 투자, 스포츠 도박 등을 즐겨하는 임직원들은 주변인들과 금전거래가 발생하는 경우가 흔히 있을 수 있고, 제보 내용 자체도 전산담당 부장이 거래처로부터 개인적으로 금전을 차입한 후 변제하지 않는다는 것이었으므로 불법 스포츠 도박에 관심이 있는 부장이 그러한 행위를 할 동기는 충분할 것으로 판단되었다.

스마트폰의 카카오톡 대화에서는 본인의 대학생 자녀로부터 10만~20만원의 소액을 빌리는 내용의 대화가 다수 발견되었다. 또한, 제보한 업체 이외의 몇몇 거래처 담당자로부터도 10만~100만원 상당의 차입 요청이 담긴 대화가 발견되었다.

결정적으로, 업무용 PC에서는 회사 이메일 계정으로 사내 50여 명의 임직원으로부터 금전을 차입하는 내용이 담긴 이메일이 100여 건 이상 발견되었다.

이를 토대로 감사팀은 대부자, 차입금, 상환금, 잔액 등의 정보를 수기로 작성하기 시작하였고, 완성한 후에는 50여 명의 대부자, 미상환 잔액 3,500여 만원을 확인할 수 있었다.

3단계_확인(관련자 면담)

감사팀은 상기와 같이 수집된 디지털 증거를 토대로 전산담당 부장에 대한 면담을 수행하였다. 여태껏 본인이 저지른 수십 건의 미상환 차입 건에 대한 디지털 증거에 대하여 자백하였으며, 감사팀은 여기에 추가로 전산담당 부장에게 직접 차입, 상환과 관련한 장부를 작성하여 제출할 것을 요청하였다.

전산담당 부장이 추후에 작성하여 제출한 장부에 따르면, 대부자가 3~4명 추가되었으며 미상환 잔액은 500여 만원 정도 증가하였다.

동 그룹 법무실은 해당 사항들을 취합하여 전산담당 부장을 인사위원회에 회부하고 미상환 잔액을 전액 상환하도록 조치하였다.

감사 혁신.
포렌식이 답이다

제9절
비용 과다집행을 통한 도둑질

1단계_시나리오 설정

조사 대상은 국내에서 건설업을 영위하는 회사로, 원 발주자와 계약하여 공사를 진행하는 업체다. 최근 업체는 사업부문의 경영진단을 실시하여 최근 5개년간 누적손실이 증가된 원인을 파악하던 중, 해당 사업부문의 임원이 회사 자금을 횡령하였다는 의혹에 대한 제보를 받게 되어 사실관계를 파악하고자 디지털 증거 분석을 통한 세부 조사를 수행하게 되었다.

2단계_조사(디지털 증거 분석)

입수된 직원 PC에서 수행한 공사 건에 대한 정산보고서 및 견적서

날짜: 2014년 5월 24일
내용: 공사 현장에서 발생한 자재비, 노무비, 경비 합계액에
    대한 해당 월의 최종정산 보고서로 동일 현장에 대한
    동일 작성일자의 정산보고서가 두 건 발견되었음.

[그림] 정산보고서

등 다양한 자료가 검출되었다.

정산 담당자 이모 씨의 PC에서 파일명이 동일한 정산보고서 두 건이 발견되었으며, 해당 파일은 '서초구현장정산보고서_5월.doc', '서초구현장정산보고서_5월(2).doc'의 형태로 저장되어 있었다. 최종 수정일자와 시간을 확인한 결과 두 파일은 4시간의 간격을 두고 작성되었으며, 두 번째 파일에서 정산보고서상 노무비가 1,000만원 증가한 것을 제외하고 그 밖의 비용 수정은 없었다. 정산보고서의 두 번째 탭에는 투입된 인원과 그에 따른 노무비 합계액이 기재되어 있었으며, 수정 정산보고서에는 '장비대여' 항목으로 노무비에 1,000만원이 추가기재되어 있었다.

포렌식 분석을 통해 해당 정산보고서의 출처가 메일에 첨부된 파일임을 확인할 수 있었다. 모두 현장 노무비 정산담당자가 비용 승인 권한을 지닌 공사부장에게 발송한 메일로, 첫 번째 메일과는 다르게 두 번째 메일에는 메일 내용 없이 정산보고서만 첨부되어 발송되었다.

본사 노무비 지급 담당자 이모 씨의 컴퓨터에서 여러 은행의 2010년부터 2016년까지의 계좌 거래 내역이 발견되었다. 엑셀 형태로 다운로드된 계좌 거래 내역을 확인한 결과 횡령 의혹을 받고 있는 임원 김모 씨의 계좌로 2차례에 걸쳐 2,000만원가량이 이체된 사실이 발견되었다. 이밖에 ATM 현금 출금 거래로 보이는 다수의 건이 발견되었으며, 시공업체 대표 명의 혹은 불상의 명의로 여러 건에 걸쳐 약 8,000만원을 수령한 사실이 계좌 거래 내역을 통해 발견되었다. 거래 내역상 입금자 명의는 포렌식으로 발견된 협력업체 정보 파일을 통하여 해당 이름이 협력업체 대표의 이름 혹은 협력업체 대표 아내의 이름임을 확인하였다.

3단계_담당자 면담 및 협력사 방문

포렌식 분석을 통해 수집된 증거를 토대로 담당자와 면담한 결과, 아래와 같은 사실을 확인할 수 있었다.

정산보고서의 노무비가 4시간 간격을 두고 수정된 이유와 인원의 추가 투입 없이 '장비대여' 항목으로 노무비가 1,000만원 증가하게 된 사유에 대하여 당시 현장 정산담당자 이모 씨에게 질문하였다. 통상 자금 집행은 해당 월별 현장 정산보고서에 따라 이루어지는데, 당시 임원 김모 씨가 급히 1,000만원을 노무협력업체로부터 받아 자신에게 보내달라고 요청하였다. 인원을 추가 투입하는 명목으로 1,000만원을 증가시키려 하였으나, 이는 관련법상 투입되는 인원의 신상정보를 명확히 기재하여 신고하여야 하기 때문에 급하게 'XX자재비 대여'의 명목으로 노무업체에 정산할 금액을 1,000만원 증액시킨 사실이 있다. 최종적인 정산보고서를 수정하여 해당 비용을 당일 안에 승인받기 위하여 공사부장 정모 씨에게 급히 수정하여 발송하였다. 이미 퇴직한 당시의 공사부장 정모 씨도 이 사실을 임원에게 들어 알고 있었기 때문에 바로 승인해준 것으로 알고 있다. 이러한 방법으로 협력업체 대표가 자신에게 돈을 보내주고, 협력업체에 투입되지도 않은 자재비, 노무비 명목으로 추가 정산을 해주는 방식으로 자금 횡령이 이루어졌고, 이 밖에도 동일한 방법으로 과다정산이 이루어졌음을 시인하였다.

회사 내부감사팀에서 자체적으로 임원의 횡령 의혹과 관련하여 주요 인물들에 대해 인터뷰를 실시하였으며, 그중 이모 씨가 당시 정산담당자로 3년간 일한 경험이 있기 때문에 감사팀에서 계좌 거래 내역을 요청하였고, 이모 씨는 이를 소명하기 위하여 본인이 은행 거래 내역을 다운로드해놓았다. 회사에서는 본인이 노무비 지급을 맡은 3년간의 계좌 거래 내역만을 요청하여 해당 내역을 제출하였다. 그러나 실제로는 노무비 담당 업무를 맡지 않은 기간인 이후 1년 동안에도 협력업체 대표에게 추가적으로 송금을 받은 사실이 있으며, 이러한 사실은 제출 시에 추가적으로 해명해야 할 거래가 생기기 때문에 감사팀에 제출하지 않았다. 그러나 본인이 확인차 추가적으로 다운로드해놓은 3년간의 계좌 거래 내역이 포렌식을 통하여 발견됨에 따라 회사 내부감사팀이 발견한 입금액 외에 추가적인 횡령 금액을 발견할 수 있었다.

협력업체 대표로부터 자신의 계좌에 입금을 받은 이유는 입금 건이 최초에 발생한 당시 임원 김모 씨가 본인에게 'XX업체로부터 입금이 될 테니 자신에게 전달해달라'고 요청하였기 때문이었으며, 본인은 입금을 받은 후 임원의 계좌로 송금하였다고 했다. 그 후 해당 임원이 자신의 계좌로 송금할 경우 계좌 거래에 임원 본인의 이름이 나타날 수 있으니 ATM으로 출금 후 전달해달라고 요청하여 ATM으로 현금을 인출하여 직접 전달하였다고 진술하였다. 이러한 정산 담당자 이모 씨의 진술과 포렌식을 통하여 발견된 계좌 거래 내역을 토대로 임원 면담을 실시하였으며, 해당 임원은 횡령 사실을 시인하였다.

감사 혁신,
포렌식이 답이다

제10절
여자친구가 운영하는 회사에
일감 몰아주기

1단계_시나리오 설정

㈜나이스는 신발을 판매하는 업체로서 계절별로 판매량을 늘리기 위해 정기적으로 영상 광고 및 오프라인 카탈로그를 제작하고 있다. 그런데 최근 익명의 제보자로부터 마케팅팀장이 여러 업체로부터 리베이트를 받고 있다는 제보가 접수되었다.

회사는 익명의 제보를 바탕으로 포렌식 조사를 시작하였다. 동의서 및 보안서약서 등을 확인하는 과정에서 마케팅팀장이 25억원에 매매되고 있는 강남 소재 고급 아파트에 거주하고 있다는 사실을 발견하였다. ㈜나이스 마케팅팀장으로 입사 시 인사기록카드에는 봉천동 원룸에 거주하는 것으로 되어 있었는데, 이직한 지 5년 만에 고가의 아파트로 옮긴 것이었다. 대법원 등기 조회를 통해 아파트 등기부등본을

확인한 결과, ㈜나이스와 거래관계가 있는 협력업체 대표이사가 등기
부등본상 소유자로 되어 있었다.

　마케팅팀장에게 질의하였으나 개인사정을 이유로 인터뷰를 거부하
였고, 다음날 사직서를 제출하고 더 이상 출근하지 않았다.

2단계_조사(디지털 증거 분석)

　'아파트'를 키워드로 검색한 결과 연말정산, 이력서 등 파일이 발견
되었다. 발견된 마케팅팀장 이력서는 연도별로 관리되고 있었고, 열
람해보니 주소지가 봉천동 원룸 및 강남 소재 고급 아파트로 기재되어
있는 것을 확인할 수 있었다. 대법원 인터넷등기소(http://www.iros.
go.kr)에서 각 주소지의 부동산등기 열람 결과, 아파트는 ㈜나이스와
거래가 있는 업체의 사장이 소유자임을 확인하였다.

　인터넷 접속 기록을 확인해보니 부동산 경매 사이트에 자주 접속하

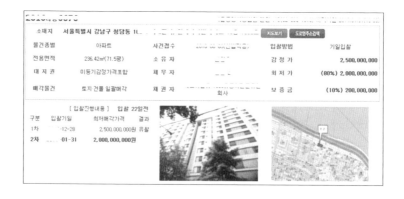

였고, 청담동 XX아파트와 관련해서 조회한 기록이 있었다. 아파트 관련 접속 URL 및 임시 폴더에 이미지 파일들이 남아 있었다

㈜나이스와의 최초 거래 시점을 확인한 결과, 마케팅팀장 입사 후 3개월이 지난 시점부터 거래가 시작되었다. 거래 규모는 최근 5년간 약 50억원이었고, 내용은 대부분 회사 홍보/제품 광고 영상, 카탈로그 제작 등이었다.

해당 협력업체의 대표와 마케팅팀장의 관계 및 연간 거래규모에 비추어볼 때 부정이 발생했을 가능성이 상당히 높다고 판단되었다. 마케팅팀장의 PC에서 협력업체 대표이사와 '동업계약서.doc' 및 '이사체크리스트.xls', '견적서.pdf' 등을 검출하여 파일에 협력업체 대표이사 이름이 기재되어 있는 것을 확인하였다.

추가적으로 구글링을 통해 마케팅팀장과 협력업체 대표이사가 연인 관계임을 확인할 수 있는 'XX취미카페 게시글', '이사 관련 문의 게시글'을 발견하였다.

또한, 휴대폰으로 촬영된 사업자등록증이 PC에 저장되어 있어 확인한 결과, 마케팅팀장이 대표자로 설립했던 업체임이 확인되었다. 해당 업체는 신용조회 사이트에서 조회가 되지 않아 경영진과 매출액 등은 확인할 수 없었으나, 국세청 사업자 휴·폐업 조회를 통해서 설립 후 6개월 만에 폐업한 사실을 확인할 수 있었다.

㈜나이스 마케팅팀장의 여자친구가 운영하는 업체의 신용평가정보를 조회해본 결과, 마케팅팀장이 설립했던 회사로부터 6개월 동안 3억 원 가량의 매입금액이 발생한 것으로 확인되었다. 이는 여자친구가 운영하는 회사로부터 발생한 부당이득을 사실상 운영되지 않은 마케팅팀장이 설립한 회사를 통해 분배하는 용도로 이용한 것으로 추정되는 단서였다.

여자친구가 운영하는 업체가 최근 제작했던 영상 및 카탈로그를 동종업계 5개 업체에 보여주고 제작 단가를 물어본 결과, 5개 업체 모두 절반 수준의 가격에 제작이 가능하다는 답변을 들었고, 카탈로그는 종이 재질을 속여 ㈜나이스에 납품하는 등의 수법으로 5년간 10억원 이상의 금액을 편취해온 것을 확인하였다.

3단계_확인(관련자 면담)

혐의에 대한 증거 확보가 완료된 후 마케팅팀장에게 인터뷰를 요청하였으나 여러 차례 거부하다 회사에서 형사고소를 준비 중이라고 하였더니 인터뷰에 응하였다. 거래 경위, 관계 등을 물어보았지만 일반적인 답변만을 늘어놓았다. 이에 부동산등기부등본을 시작으로 두 사람의 관계를 입증할 증거를 하나씩 보여주자 비로소 실토하였다. 그러나 여자친구가 운영하는 업체가 선정되도록 밀어준 것은 맞지만, 이는 그 업체의 실력이 뛰어났기 때문이며, 업체로부터 금품 등 경제적 이득을 취한 사실은 없다고 주장하였다. 이에 본인이 설립한 회사의 사업자등록증과 여자친구가 운영하는 회사의 자금 중 일부가 마케팅팀장이 설립했던 업체로 흘러들어간 증거를 보여주자 잠시만 인터뷰를 쉬었다가 진행하자고 했다.

잠시 후 마케팅팀장은 모든 잘못을 시인하고 형사처벌만은 면하게 해달라고 사정했다. ㈜나이스 경영진과 논의를 거쳐 회사도 손실을 입은 부분에 대해서 상환을 약속한다면 형사고소하지 않기로 하였으며, 최종적으로 회사가 입은 피해금액을 모두 반환하는 것으로 본 조사는 종결되었다.

1단계_시나리오 설정

최근 7년간 국내에서는 총 1억 3,000만 건 이상의 개인정보 유출 사고가 발생했다. 사고 원인으로는 해킹, 내부직원 유출, 위탁업체 직원의 정보 매매, 단순 실수 등이 있는 것으로 확인되었다.

행복은행(가칭)은 고객정보 유출을 차단하기 위해 다양한 정보보안 시스템을 도입하여 운영하고 있었지만 실제적으로 시스템 운영이 제대로 되고 있는지, 임직원 및 협력업체 직원들이 불법적으로 정보를 보관 또는 오남용하고 있지는 않은지 확인하고 싶었다. 이에 포렌식을 이용한 시스템 운영의 적절성 및 임직원의 고객정보 관리 실태를 점검키로 결정했다.

고객정보를 취급, 처리하는 많은 기업은 PC 내에 고객정보를 보유

기업 개인정보 유출 사고 발생 주요 현황

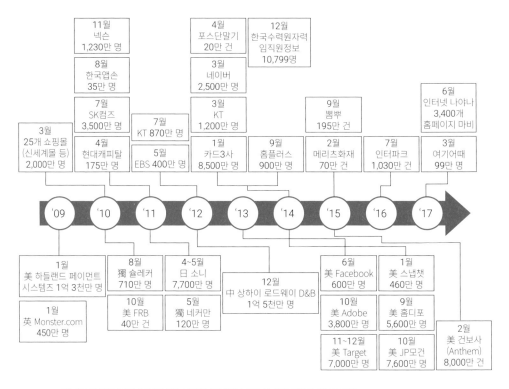

자료출처: 행정안전부(2017. 09), 안전한 개인정보 관리를 위한 실태점검 길라잡이

하거나 고객정보가 포함된 문서를 출력할 때 적절한 승인 절차를 거쳐야 한다.

행복은행에서 임직원 및 협력업체 직원에게 업무 용도로 제공되는 동일한 환경(매체제어, 문서보안 등 에이전트가 설치된)의 PC를 설치하여 기 구축한 정보보안시스템의 취약점(정책 누락, 시스템 우회 가능 등)을 이용하여 외부로 정보 유출이 가능한지 확인하고, 임직원 PC

포렌식을 통하여 정보보안시스템을 우회하여 보유기간이 지난 고객정
보 보유, 미파기, 오남용 등을 점검하였다.

2단계_조사(디지털 증거 분석)

기 구축한 고객정보 검출 시스템은 임직원이 보유한 고객정보 검색
시 프로그램 폴더와 윈도우 폴더의 정보는 제외하였다. 일부 직원은
이런 취약점을 이용하여 해당 폴더에 대량의 고객정보를 보유하고 있
었다. 또한, 문서보안시스템을 구축하였는데도 보유 문서의 80%가 암
호화되지 않고 있었다. 구축 이후 생성된 파일에 대해서는 암호화가
진행되었으나, 기존에 보유하고 있던 파일들은 암호화하지 않은 상태
로 보관하고 있었다. 암호화된 문서는 보통 아이콘에 열쇠 마크가 표
시된다.

문서보안이 설정되지 않은 파일은 파일의 시그니처 분석을 통해 확

[그림] 문서암호화(DRM)가 설정되지 않은 채 보관된 파일

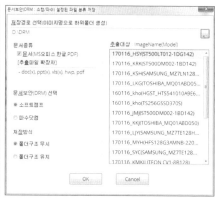

```
……..(생략)
// 주요 문서파일 확장자 분류
if(strExt=="ppt" || strExt=="xls" ||
strExt=="doc" || strExt=="pptx" ||
strExt=="xlsx" || strExt=="docx" ||
strExt=="pdf" || strExt=="hwp") {
Long DRM_C; // 문서보안 시스템을
공급하는 두 업체의 파일 구분
if (Choice == 0) { DRM_C =
0x53444353;} //소캠
if (Choice == 1) { DRM_ =
0x5244209B;} //파수
……..(생략)
```

[그림] 파일 시그니처 분석

번호	이름	전화번호	계좌번호	주소	비고
1	김	010-4 -6098	01-01-154011	서울시 송파구 거여동	
2	홍	010-1 -2312	01-02-123412	서울시 서초구 서초동	
3	감	010-4 -8121	121-01-432100	서울시 강동구 고덕동	
4	박	010-3 -7651	21-03-001100	서울시 송파구 마천동	
5	이ㅇ	010-8 -0876	11-01-111110	서울시 송파구 오금동	

[그림] 우회문자를 사용하여 개인정보 모니터링 솔루션을 회피한 파일 사례

인하였다. EnCase 포렌식 도구의 EnScript 프로그래밍을 통해 문서보
안시스템이 적용된 파일과 적용되지 않은 파일을 쉽게 구분하였다. 국
내 기업들은 소프트캠프, 파수닷컴, 마크애니 등의 문서보안시스템을
구축하여 사용하고 있다.

또 다른 직원은 숫자 '0'을 영문자 'O'로, 숫자 '1'을 영문자 'I'로 변경
하여 고객정보 파일을 보관하고 있는 것을 확인하였는데, 이렇게 보관
하게 되면 고객정보 검출 시스템에서 해당 파일을 검출할 수 없고, 출
력하는 경우 개인정보로 인식하지 않아 승인 없이 해당 문서를 출력할

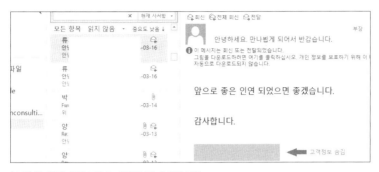

[그림] 이메일을 통해 고객의 개인정보를 유출한 사례

수 있다.

분석 대상인 모든 PC에서 인사정보, 고객정보가 포함된 이미지, 스캔 등 다양한 파일이 복원되었다. 보유기간이 지난 고객정보는 복구 불가능하게 완전삭제되어야 하는데, 대부분 일반삭제되어 포렌식 도구를 사용하여 쉽게 복구할 수 있었고, 일부 직원은 이메일(PC에 저장된 아웃룩 PST 파일)에 고객정보를 삭제하지 않고 보관하고 있었다. 또한 휴대폰번호, 주민번호, 계좌번호 등의 글자 색을 흰색으로 바꾸어 이메일을 통해 고객정보를 외부로 유출한 사례도 발견되었다.

3단계_확인(관련자 면담)

위와 같이 고객정보가 포함된 파일을 우회하여 보관하거나 숫자를 영문자로 바꾸어 업무를 처리하고 있던 담당자를 인터뷰하였다.

담당자는 업무편의상 어쩔 수 없었다고 하였다. 윈도우 System32

폴더에 개인정보를 보관하고 있었던 이유는 "해당 파일을 필요할 때마다 요청하기가 너무 번거로워 그렇게 한 것뿐이지 유출하려고 한 것이 아니었다"고 하였고, 숫자를 영문자로 변경한 이유는 긴급하게 출력해야 할 때가 있는데 팀장이 부재중인 경우 기다릴 수 없어서 잘못된 행동인 줄 알지만 신속한 업무 처리를 위해 어쩔 수 없었다고 진술하였다.

취급하는 고객의 개인정보가 방대하여 감독기관의 강력한 통제를 받으며 정보보안에 어마어마한 예산을 투입하는 대형 금융기관조차 보안 통제의 허점이나 개인정보 취급 담당자의 통제 절차 미준수로 인해 개인정보 유출 위험에 노출될 수 있는 것이다. 뿐만 아니라 고객의 개인정보를 취급하는 비금융기관 중 규모가 크지 않은 기업들은 아무런 통제 절차 없이 무분별하게 고객 개인정보가 유출 가능한 상태로 직원들 PC에 방치되어 있는 것이 현실이다. 개인정보 유출은 대표이사의 해고 및 고객의 이탈 등 회사에 직격탄이 될 수 있다. 따라서 기업은 정보보안시스템을 강화하고 구성원들의 개인정보 유출 위험에 대한 경각심을 고취시킬 필요가 있다.

제12절
전산장비 및 소프트웨어를
이용한 횡령

1단계_시나리오 설정

㈜부품(가칭)은 부품을 제조 판매하는 회사다. 생산 및 영업에 집중하는 기업으로, 내부 통제 절차는 다소 미흡한 상황이었다. 특히 IT 부서에서 관리하는 전산장비 및 소프트웨어 등은 전적으로 IT 부서에서 관리되고 있었다. IT 부서에서 관리하는 서버, 보안장비 등은 전문지식이 없는 타 부서 직원이 확인하기 어렵다. IDC 센터에 있는 경우도 있고 회사 서버실에 있는 경우도 있는데, 각각의 서버에 대한 사양 구분이 어렵고 잦은 업데이트 및 교체로 인하여 추적이 쉽지 않다. 우리는 IT 부서 직원이 이러한 허점을 이용해 회사 자산을 빼돌렸을 가능성이 있다고 판단되어 세부 조사를 수행하였다.

2단계_조사(디지털 증거 분석)

　IT 부서 직원의 PC를 모두 수집하여 분석한 결과, 팀장과 과장의 대화 내역에서 BL460이라는 서버를 XX네트워크에 팔기로 공모하는 사내메신저 내용이 발견되었다.

　IT 부서 팀장은 3년 전 구매했던 서버를 사용하지 않게 되자 이를 회사에는 폐기하는 것으로 보고하고 담당 과장과 함께 거래업체에 팔아 유흥비 등으로 사용하였다.

　또한, 대화 내역에서 거래업체에 일감을 몰아주고 대가성으로 노트북 또는 상품권 등을 수수하거나, 오래된 노트북을 폐기하는 것으로 보고하고 중고 노트북 업자에게 팔아넘기고 있는 정황을 포착하였다.

　팀장과 과장의 범죄행위는 점점 대담해졌다. 최근 불법 소프트웨어 단속이 심해지고 있으니 정품 사용 여부를 확인하고 필요한 경우 추가로 구매해야 한다고 담당 임원에게 보고하였다. 추가로 구매가 필요한 소프트웨어가 50개 정도로 파악되었으며 개당 60만원에 구매하는 것으로 품의를 올렸다. 그러나 50대 PC에 설치된 소프트웨어를 확인해 본 결과 실제로 구입한 소프트웨어는 하위 버전으로 개당 30만원에 구매가 가능한 것이었다. 이들은 업체로부터 개인통장을 통해 차액을 입

> 팀장 : 우리 사용 안 하고 있는 BL460 이거 어떻게 할까?
> 과장 : 일단 XX네트워크에 얼마에 사갈 수 있는지 물어볼게요.

[그림] IT 부서 팀장과 과장이 주고받은 사내 메신저 내용 중 일부

금받은 후 개인적으로 착복하였다.

3단계_확인(관련자 면담)

우리는 회사 경영진을 참관시키고 IT 부서 팀장과 과장에 대한 면담을 진행하였다. 포렌식 조사를 통해 발견된 증거를 통해 자백을 받았으며, 개인통장 거래 내역을 제출받았다. 이들이 수년에 걸쳐 업체로부터 착복한 금액은 약 2억원 상당이었다. 이들은 형사고소하지 않는 조건으로 2억원을 회사에 반환하고 자진퇴사하는 것으로 조사는 종결되었다.

제 5 장
면담 기법

감사 혁신,
포렌식이 답이다

제1절
면담의 의의

면담의 정의

면담의 개념

소설 《오리엔트 특급 살인》은 세계적 명탐정인 주인공 에르퀼 푸아로가 12명의 용의자와 면담을 통해 열차 안에서 일어난 살인사건의 범인을 밝혀내는 과정을 그린 이야기다. 주인공은 용의자들과의 일대일 면담만으로 그들의 눈빛, 말투를 읽을 뿐 아니라 거짓말 탐지까지 하는 능력(?)을 발휘하여 범죄 해결에 결정적인 단서들을 수집한다. 소설뿐 아니라 실제 범죄 수사에서 용의자나 목격자 면담은 사건 해결에 가장 중요한 부분을 차지하고 있다. 오늘날에는 과학수사와 심리학까지 면담의 영역에서 폭넓게 활용되고 있다.

수사기관의 범죄 수사 영역과 마찬가지로 내부감사 환경 또한 면담의 중요성을 간과할 수 없다. 디지털 포렌식으로 수집된 각종 비위행위에 대한 증거를 면담을 통해 확정지을 수도 있고, 때로는 사전 면담을 통해 비위행위의 징후를 파악할 수도 있기 때문이다. 본 장에서는 내부감사 환경에서 활용할 수 있는 면담에 대해 살펴보고자 한다.

면담과 조사

앞서 언급한 것처럼 면담은 내부감사의 시작 전 단계부터 최종 단계에 이르기까지 모든 과정에서 발생할 수 있다. 지금까지 언급한 면담(interview)은 감사 진행 과정에서 비위행위 당사자 또는 참고인을 대면하여 증거를 수집·보전하는 모든 활동을 통칭하였으나 이는 광의의 면담이며, 세부적으로는 면담(interview)과 조사(interrogation)로 나눌 수 있다.

면담(interview)이라 함은 증거를 입수하기 전 관련자를 통해 사전 정보를 입수하기 위하여 필요한 진술을 청취하고 그 진술의 취지를 명확히 하는 한도 내에서 추가적인 질문을 하는 행위를 의미한다. 면담의 특징은 상대방에게는 추궁할 비위행위가 없는 상태(비위행위 당사자로 추정된다 하더라도 아직은 행위를 특정할 수 없는 단계)이므로 비추궁적이라는 데 있다. 면담의 주된 목적은 정보 수집으로, 면담 중에 진술인은 비위행위, 자기 자신 또는 관련된 사건들에 대해서 면담자의 질문에 대답한다. 면담 과정에서는 주로 편안하게 느낄 수 있는 질문을 통해 상대방에게서 나타나는 비언어적 또는 언어적 행동을 파악하고 적절한 유대감을 형성하면서 면담자가 파악하고자 하는 정보를 획득해야 한다.

이에 반해 조사(interrogation)라 함은 포렌식을 통해 정보를 수집하고 분석하여 비위행위에 대한 증거를 확보한 가운데 상대방이 비위행위의 당사자임을 밝혀 이를 추궁하고 해당 사실에 관하여 진술하도록 설득해나가는 방식을 말한다. 이러한 조사의 특징은 비위행위 당사자에게 특정된 조사 방식으로, 수사기관 등에서는 이를 '신문'이라고 칭하기도 한다. 조사의 주된 목적은 비위행위자의 자백을 통해 진실을 밝혀내기 위함으로, 조사자는 정보를 요구하는 면담과는 또 다른 기술을 사용해야 한다. 상대방에게서 정보를 찾는 것이 아니라 대화를 주도하면서 진실에 대한 시인이나 자백을 유도한다.

효과적인 면담을 위해 사전에 이해할 사항

내부감사 과정에서 우리는 면담을 통해 비위행위에 대한 증언이나 비위행위자의 자백 등을 듣기를 원한다. 그렇다면 어떻게 면담해야 그러한 결과를 얻을 수 있을까? 면담 기법을 설명하기에 앞서 면담 과정에서 필요한 몇 가지 이론을 알아보자.

진술의 심리
면담자는 비위행위에 대한 자료나 진술인에 대한 사전 정보를 갖고 있기 때문에 본인이 궁금한 사항을 모두 확인하고 싶은 욕심에 단도직입적으로 질문하는 경향이 있다. 그런데 진술인의 기억은 변화하기도 하고, 고의로 핵심 정보를 진술하지 않는 경우도 있다. 따라서 면담자는 면담 과정 내내 진술인의 기본 심리를 이해하고 이에 기초한 질문을 해야 한다.

모든 사람은 모두에게 모든 정보를 주기를 원한다

사람은 기본적으로 대화 상대방에게 정보를 주기를 원하는 특성이 있다. 진술인이 제3자든 비위행위의 당사자든 자신의 기억 속에 있는 정보를 면담자에게 주고 싶어 한다.

사람은 아는 사람보다 모르는 사람에게 말하기가 더 쉽다

사람은 아는 사람에게 말할 때 자기가 한 말에 책임을 져야 한다고 생각하기 때문에 진술에 부담을 느낀다. 면담자는 진술인이 말하고자 하는 상황과 무관한 제3자이므로 자유롭게 이야기할 수 있다는 점을 강조하면 면담에 도움이 된다.

진술인은 진술하기까지 많은 생각을 한다

진술인은 면담자가 묻고자 하는 내용과 직간접적으로 관련된 사람일 가능성이 높으므로 면담자에 비해 답변하기까지 더욱 많은 생각을 하게 된다.

거짓말하기는 쉽지 않다

사람들은 거짓말을 할 경우 다른 사람에게 발각되지 않기 위해 많은 노력을 한다. 들키지 않으려고 추가적인 거짓말을 하게 되어 거짓말이 점점 확대될 수 있으며, 거짓말이 탄로날지 모른다는 생각에 불안해하기도 한다. 면담자는 진술인의 진술 내용의 진위 여부에 대해 끊임없이 의심하기보다 진술인이 진실하다는 전제 하에 불안해하는 표정이나 몸짓 등을 통해 당해 진술이 거짓일 수 있다는 의심을 가져야 한다.

질문의 유형

면담자가 좋은 질문을 하는 경우 진술인으로 하여금 더 많은 정보를 토로하게 하거나 핵심이 될 만한 중요한 답변을 얻어낼 수 있다. 반면 어떤 질문에 대해서는 답변하는 사람이 제한적인 정보를 제공할 수도 있고, 부정확한 정보가 전달되기도 한다. 그렇다면 좋은 질문이란 무엇일까? 이 질문의 답을 얻기 위해서는 어떤 유형의 질문이 있는지 이해하는 것이 그 출발점이 될 것이다. 질문의 대표적 유형은 개방형 질문, 구체적 질문, 폐쇄형 질문, 유도 질문이 있다.

개방형 질문

면담 초기에 주로 사용하는 질문이다. 대화를 시작하기 위해서 좀 더 자세한 내용을 알기를 원할 때 사용할 수 있는 질문이며, 이야기 형식의 답변을 이끌어냄으로써 최대한 포괄적인 정보를 얻어낼 수 있다.

예) 지난 월요일 회사에서 어떤 일이 있었는지 알고 있는 대로 설명해주실 수 있나요?

구체적 질문

개방형 질문을 통해 수집된 정보는 면담자가 필요로 하는 정보와 그렇지 않은 정보가 섞여 있는 경우가 많다. 그중 면담자가 필요한 내용에 대해 이를 분명히 하거나 또는 추가적인 정보를 얻기 위해 사용하는 질문 유형이다. 비위행위 등에 대한 구체적인 정보를 얻는 데 유용하기도 하나 진술인이 면담자의 의도를 눈치채고 거짓으로 답변할 가능성도 있다.

예) 왜 월요일 오전에 동우상사 직원들이 회사로 찾아왔나요?

폐쇄형 질문

개방형 질문을 통해 얻어낸 많은 정보를 통해 면담자가 이해하고 있는 것을 확인하고 결론을 내릴 때 사용한다. 폐쇄형 질문은 비위행위 등에 대한 사실관계를 증명하는 증거가 될 수 있지만 주로 '예', '아니오'의 답변을 요구하므로 쉽게 거짓말을 할 수 있다는 단점도 있다.

예) 월요일 오전에 동우상사 김부장을 만났나요?

유도 질문

상대방으로 하여금 '예'라고 말하도록 무언의 압력을 행사하는 질문을 말한다. 이러한 유도 질문은 진술인의 기억이 흐릿하여 진술이 부정확해질 때 진술인의 기억 인출을 돕는다는 장점도 있지만 면담자가 듣고 싶어 하는 대답을 상대방에게 노출할 수 있고, 때로는 진술인이 잘못된 진술을 하게 만들 수도 있으므로 유의하여 사용해야 한다.

예) 동우상사 김부장에게 받은 서류봉투가 노란색이었지요?

라포(Rapport)

면담 과정에서 면담자가 상대방과 만나자마자 사건에 관하여 구체적인 질문을 하거나 범죄의 용의자인 것처럼 몰아가는 상황을 연상해 보자. 진술인은 점점 구석으로 몰리는 심리적 압박을 받게 될 것이고 그 면담은 아무런 정보도 얻지 못한 채 끝날 가능성이 매우 높다. 이처럼 면담자가 얻고자 하는 정보는 진술인의 입장에서는 지극히 사적인 영역에 속하거나 쉽게 이야기할 수 없는 내용일 가능성이 높다. 면담자는 상대의 이러한 어려움을 이해하고 편하게 이야기할 수 있는 환경을 조성할 필요가 있다. 이런 과정을 '라포 형성'이라고 한다. 라포(rapport)는 '신뢰관계' 또는 '협조관계'라는 프랑스어에서 파생된 말로, 면담 과정에서 라포는 면담자와 진술인 간에 상호 공감대를 형성하여 신뢰감을 형성하는 과정이라 할 수 있다.

성공적인 라포 형성을 위해서는 먼저 공통의 유대를 가질 만한 요소를 찾는 것이 좋다. 사람은 보통 자신과 유사한 관심사나 개성을 가진 사람을 좋아하는 경향이 있으며, 고향이나 학교 등 공통의 유대 또는 취미나 기호에 대한 유사한 관심사에 대해 이야기를 나눔으로써 편안한 감정을 느끼거나 쉽게 불안을 극복할 수 있다. 또한 공통의 유대를 느끼게 하는 방법으로 '미러링(mirroring)'이 있다. 미러링이란 한마디로 면담자가 진술인의 행동이나 목소리, 특유의 제스처 등을 자연스럽게 따라 하는 것이다. 이때 단순히 따라 하기만 한다면 마치 상대방을 흉내내는 것으로 오해할 수 있으므로 조심스럽게 활용해야 한다. 마지막으로 진술인이 원하는 호칭을 불러주거나 수시로 진술인이 언급했던 내용을 요약 혹은 반복해줌으로써 면담 과정을 편안하게 이끌어갈 수 있다. 다음은 적절한 라포 형성의 예다.

면담자 : 더운데 오시느라 고생했겠네요. 얼마나 걸리셨나요?
진술인 : 한 시간 정도 걸렸습니다.
면담자 : 사시는 곳이 어딘데요?
진술인 : 신사동 가로수길 근처에요.
면담자 : 가로수길 근처라고요? 거기 유명한 쌀국수집 있는데, 가보셨나요?
진술인 : 저는 일주일에 한두 번은 꼭 갑니다.
면담자 : 어쩌면 그곳에서 우연히 마주쳤을지도 모르겠네요.

제2절
사전적 면담(인터뷰)

면담의 기본 원리

면담은 대상자가 특정되어 있지 않다. 비위행위가 의심되는 당사자일 수도 있고 제보자일 수도 있으며, 때로는 조사인의 판단에 따라 전혀 무관한 사람과 면담을 진행할 수도 있다. 특정 사건에 대한 조사의 전 과정에서 면담이 필요할 수도 있다. 효과적인 면담을 위해서는 진술인의 말을 '경청' 하는 것이 중요한데, 이는 면담자의 질문에 따라 진술인의 답변이 영향을 받을 수 있기 때문이다. 질문이 어떤 의미를 가지는지, 그 질문을 받는 사람이 어떠한 영향을 받는지는 면담 환경, 개개인의 성격에 따라 달라질 수 있겠지만 면담자가 진술인의 이야기를 사려 깊게 듣고, 진술에 관련된 핵심적인 질문을 제시한다면 더욱 효과적인 면담이 될 것이다.

면담을 수행할 때 유의해야 할 기본 원리는 다음과 같다

1) 첫 인상이 나머지 조사의 질에 영향을 미친다

진술인을 처음 대면한 상황을 가정해보자. 진술인이 당신의 첫 인상에 대해 평가하는 요소들은 여러 가지가 있을 것이다. 첫 인사 때의 표정, 자리에 앉은 자세, 말투나 억양 등에서 당신의 첫 인상이 결정될 수 있다. 당신의 모습이 진술인에게 호의적으로 느껴졌다면 진술인이 자신의 마음속에 있는 이야기를 충분히 털어놓을 수 있을 것이다. 진술인이 원하는 호칭으로 불러주는 것도 좋은 첫인상을 형성하는 데 도움이 된다.

2) 진술인의 말을 적극적으로 경청한다

면담에서 가장 중요한 요소는 진술인의 말을 경청하는 것이다. 진술인의 의견을 적극적으로 들어주면 상대방이 자신의 의견에 집중하고 있다는 느낌을 받게 되므로 면담 초기의 라포 형성에 도움이 되어 사건에 관한 중요한 증거를 얻게 될 수도 있다.

3) 진술인에게 말할 차례와 시간을 주어야 한다

면담을 시작하기에 앞서 진술인에게 당신의 질문에 답변할 충분한 시간을 줄 것이라는 점을 알려주는 것이 좋다. 진술인이 시간에 쫓기지 않고 편안하게 면담이 진행되어야 하므로 진술인의 말을 방해하거나 진술 중에 다른 질문을 함으로써 대화의 흐름을 끊지 않도록 유의한다.

4) 제공된 정보는 잊지 않도록 메모하고, 확인과 반박의 필요가 있는 대목을 파악해둔다.

진술인이 제공한 정보는 빠짐없이 메모하는 것이 좋다. 진술인이 진술을 번복하거나 기억하지 못하는 경우도 발생할 수 있기 때문에 메모로 남긴 증거는 면담 과정에서 유용하게 활용할 수 있다. 뿐만 아니라 진술인과 면담 내용이 기록된 자료는 비위행위에 대한 민·형사상 소송의 증거 자료로 제출할 수도 있다.

면담 기법

내부감사 환경에서 참고인이나 조사대상자를 면담하는 방법은 범죄 수사에서 활용되는 면담 기법과 크게 다르지 않다. 사전적 면담에 가장 효과적으로 적용할 수 있는 영국의 수사 면담 기법인 'P.E.A.C.E. 면담 기법'에 대해 내부감사 관점에서 알아보도록 하자.

PEACE 기법

영국에시는 경찰 수사관들이 면담을 통해 정보를 수집하는 데 효과적인 면담 기법을 국가 차원에서 연구하였고 '수사 면담을 위한 지침'(A Practical Guide to Investigative Interviewing 2000[*])에서 PEACE 모델을 소개하였다. 이는 계획과 준비(Planning and Preparation),

---

[*] 수사기관의 면담방식 변화방향 (한국형사정책연구원, 이윤, 2011)

도입과 설명(Engage and Explain), 진술, 확인, 반론(Account, Clarification, Challenge), 종료(Closure), 평가(Evaluation)의 구조로 이루어져 있다.

계획과 준비 단계(Planning and Preparation)

면담의 대상, 목표, 일정 등을 계획하는 단계다. 하나의 사건에도 면담은 수차례 진행될 수 있는데, 조사자는 누구와 먼저 면담하는 것이 좋은지, 필요한 정보를 획득하기 위해 어떤 질문을 해야 하는지 미리 결정하는 것이 좋다.

면담은 결국 주어진 자료가 아니라 사람을 통해 정보를 얻는 과정이므로 위에 언급한 면담 순서, 질문의 종류는 대상자의 심리에 영향을 주게 되어 면담 결과에 중요한 영향을 미친다. 마찬가지로 면담 장소, 시간 등도 세심하게 결정할 필요가 있다.

도입과 설명

면담을 시작하기에 앞서 본 면담의 목적과 내용에 대해 설명하는 과정이다. 면담 대상자를 처음 만나는 상황일 가능성이 높기 때문에 이때는 대상자와 유대감을 형성하고 편안한 마음으로 면담에 임할 수 있는 분위기를 형성하는 것이 중요하다.

진술 청취, 확인과 반론

면담 대상자에게 사건에 대해 질문하고 진술을 듣는 과정이다. PEACE 기법의 면담 과정에서 가장 핵심이라 할 수 있는 단계다. 주로 개방형 질문을 통해 진술인이 최대한 많은 정보를 조사인에게 제공할 수 있도록 면담을 이끌어가도록 한다. 상대방이 거짓말을 하거나 모순된 진술을 하는 경우 이를 지적하여 바로잡기보다 다른 증거와 불일치점을 언급하고 추가 설명을 요구하여 면담의 흐름을 끊지 않는 것이 좋다. 진술인에게 얻은 정보가 과거 다른 면담의 결과와 다른 경우도 있고, 다른 사람과 면담이 필요할 수도 있으므로 한 번의 면담을 통해 사실관계를 확인하기보다 다양한 정보 획득에 초점을 맞추는 것이 중요하다.

면담의 종료

면담을 마무리하는 단계로, 면담의 결론을 내리는 것이 아니라 상대방이 진술한 내용을 정리하고 진술인에게 다시 한 번 확인시키는 단계다.

평가

면담이 종료된 후 면담 결과가 전체 사건 내에서 어떤 의미를 갖는지 평가하는 과정이다. 평가 결과에 따라 추가 조사가 필요한지 확인하고, 다른 증거와 어떻게 연관되는지 파악한다.

감사 혁신.
포렌식이 답이다

제3절
사후적 면담(조사)

조사의 기본 원리

면담과 달리 조사는 조사자가 어느 정도 대상자의 비위행위에 대한 증거를 입수한 상태에서 조사를 통해 이를 확정하고 나아가 자백까지 받아낼 목적으로 수행하는 것이다. 비위행위에 대한 최종 확정(확정이라 함은 비위행위자에 대한 징계 또는 형사처벌을 말한다)은 결국 당사자의 자백을 통해 이루어지기 때문에 내부감사 과정의 최종 단계라 할 수 있다.

조사자는 이미 상대방의 혐의를 확신한 상태에서 대면이 이루어지므로 추궁을 통해 상대방의 비위행위에 대한 증거가 이미 확보되었다는 사실을 인지시키게 된다. 조사 과정에서 추궁은 '어떤 잘못이나 책임을 밝히기 위해 상대에게 이것저것 끈질기게 묻는 것'이라는 사전적 의미처럼 강한 어조로 상대를 압박하는 것을 연상하기 쉽다. 이러한 방법을 '직접적 추궁'이라고 하는데, 비위행위에 대한 증거가 명확한 경우 이런 방법이 자백을 받아내기에 용이하다. 하지만 대화 분위기가 경직되기 쉽고 진술인이 거짓으로 부인하여 조사가 어려운 방향으로 흘러갈 수 있기 때문에 직접적 추궁을 남용하는 것은 좋지 않다. 또 다른 추궁 방법으로는 도입진술을 활용하는 방법이다. 조사 초반에는 비위행위에 대한 직접적 언급을 하지 않음으로써 상대방이 진술을 거부하거나 부인할 수 없는 분위기를 조성하고, 어느 정도 라포를 형성한 후 점점 중요한 주제로 조사를 이끌어나간다. 표면적으로는 면담과 유사한 형태로 조사를 진행하기 때문에 직접적 추궁보다 탄력적으로 활용할 수 있다.

조사를 수행할 때 유의해야 할 기본 원리는 다음과 같다.

1) 행위에 대한 동기를 추론한다

조사자가 대화를 이끌어가기 위해 필요한 중요한 요소는 진술인이 왜 그런 행위를 하였는가에 대한 궁금증이다. 내부감사 시 접할 수 있는 비위행위의 동기로는 경제적 곤궁, 사내정치 등 다양한 요인이 존재할 수 있는데, 동기의 파악은 조사의 시작을 원활하게 해준다.

2) 핵심 화제를 반복 질문한다

조사 과정에서 진술인은 자신의 비위행위에 대해 직접적으로 부인하거나 조사를 거부하려 할 것이다. 원하는 대답이 나오지 않을 경우 핵심 화제를 반복 질문하면서 대상자의 비언어적 행동을 관찰하는 것이 좋다. 조사자가 면담을 진행하는 과정에서 수시로 핵심적인 화제를 반복해서 질문하게 되면 다음의 2가지 효과를 기대할 수 있다. 첫째, 진술이 거짓인 경우 조사자의 반복된 질문은 진술자로 하여금 '조사자가 이미 증거 등을 확보해서 진실을 알고 있는 것이 아닐까?'라는 심리적 불안감을 증폭시켜 진실된 자백을 유도할 수 있다. 둘째, 핵심 화제를 다양한 형태로 전환해가면서 질문함으로써 진술자의 거짓된 진술 간의 논리적 모순을 발견할 수 있으며, 이러한 모순점에 대한 추가적 질문을 통해 자백을 유도할 수 있다. 이 원리는 '거짓말을 하기는 쉽지 않다'는 진술인의 심리를 이용한 것으로, 반복된 거짓말 속에서 양심의 가책을 느끼게 하는 방법이다.

3) 조사자가 대화의 통제권을 유지한다

진술인은 자신의 비위행위를 숨기기 위해 종종 질문의 논점을 흐리는 대답을 하거나 대화를 자신이 원하는 방향으로 이끌어가려 할 수도 있다. 이러한 경우 조사자는 즉시 핵심 화제로 돌아가야 하며 대화의 주도권을 빼앗기지 않도록 주의해야 한다.

4) 대상자가 진실을 털어놓기에 편한 분위기를 조성한다

조사는 추궁적으로 이루어지므로 대화의 분위기가 부드럽고 편안하기는 쉽지 않다. 하지만 조사자는 진술인의 비위행위가 왜 일어났으

며, 그런 범죄를 저지르게 된 상황을 이해한다는 것을 진술인에게 알려야 한다. 때로는 유사한 비위행위를 저지른 제3자의 사례를 언급하면서 진술인의 사례가 언제든 발생할 수 있는 것임을 이야기하면서 진술인이 편하게 진실을 털어놓을 수 있도록 안정시킬 필요가 있다.

조사 기법

REID 기법의 소개와 도입부

피의자를 효과적으로 신문하는 방법에 대해서는 상당히 오래전부터 연구가 있었다. 과거 많은 수사기관에서는 자백을 받아내기 위해 신체적 강압이나 협박 등을 왕왕 사용했다. 미국에서는 피의자 조사를 위해 폭력적인 방법이 아닌 심리적 절차와 기법 등을 꾸준히 연구해왔고, 그중 존 E. 리드(John E. Reid) 박사가 1960년대에 고안한 신문기법인 REID 기법은 범죄를 사전에 분석하고 피의자를 대면하여 범죄 사실을 추궁하거나 설득하는 방법을 체계화한 것으로, 신문 기법 중 가장 효과적인 방법으로 널리 알려져 있다.

REID 기법에서 설명하는 신문 기법 역시 피의자를 심리적으로 압박하는 효과가 있어 허위자백 등이 우려되는 강압적인 방법이라는 비판이 일부 있지만, 내부감사 환경에서 비위행위자와 대면했을 때 조사자가 취해야 할 행동과 상대방의 심리 변화에 대해 유용한 정보를 제공하므로 간략히 소개하고자 한다.

REID 기법의 9단계는 다음과 같이 구성된다

1단계 : 직접적, 적극적 대면

2단계 : 핵심 화제 개발

3단계 : 부인의 처리

4단계 : 반대의 극복

5단계 : 주의 도출과 유지

6단계 : 상대방의 우울 달래기

7단계 : 양자택일적 질문 제시

8단계 : 최초의 시인과 구두 자백

9단계 : 자백의 서면화

다만 9단계로 구분된다고 하더라도 이 9단계를 모두 거쳐야 한다거나 순서 그대로 따라야 하는 것은 아님에 유의할 필요가 있다.

1단계) 직접적, 적극적 대면

조사는 조사자가 진술인을 처음 만나는 것으로 시작한다. 앞서 언급했듯 조사는 추궁의 방법으로 이루어지므로 조사자는 진술인의 비위행위에 대한 혐의를 확신하고 있다는 인상을 줄 필요가 있다. 비위행위를 저지른 후 양심의 가책을 많이 느끼고 있거나 선천적으로 심성이 약한 경우 조사자가 첫 만남에서부터 확신과 권위를 보여주었을 때 심리적으로 나약해지는 경우도 있다. 물론 무고한 경우 이런 직접적 추궁을 당하게 되면 순간적으로 당황하면서 자신의 무고함을 입증하려

할 것이다.

2단계) 핵심 화제의 개발

REID 기법 중 가장 핵심 단계다. 진술인과 대면한 이후 본격적으로 화제를 꺼내면서 조사를 시작한다. '화제(theme)'는 대상자가 저지른 비위행위에 대한 정당성을 부여할 수 있는 것이어야 한다. 비위행위를 저지른 사람이라면 자신이 저지른 행위에 대해 스스로 정당하다고 느끼는 것은 자연스러운 것이다. 그러한 행위들을 할 때 죄책감이나 갈등 등을 경험했을 것이고, 결국 자기합리화를 통해 범죄에 이르게 되었을 가능성이 높으므로 조사자는 진술인의 심리적 스트레스를 낮추어 자백을 이끌어낼 수 있도록 대화를 이끌어야 한다.

3단계) 부인의 처리

조사자가 진술인을 상대로 대화를 이끌어가면서 조사를 진행하는 것만으로 자백을 이끌어내기는 어렵다. 피의자의 유·무죄에 관계없이 추궁을 받은 진술인은 우선 본인의 행위를 부인하게 될 것이다. 부인은 혐의를 받고 있는 진술인이 나타낼 수 있는 가장 기본적인 반응이다. 조사자는 진술인이 부인하는 과정에서 정말 무고한지 아니면 거짓 부인을 하고 있는지 판단해야 한다.

무고한 진술인은 조사자와 대면함과 동시에 혐의에 대해 강력하고 직접적으로 부인한다. 조사자가 이를 무시하고 다른 방식의 추궁을 하려 하면 더 강한 어조로 혐의를 부인하며 감정적으로 반발할 수도 있다. 이 경우 조사자는 상대방의 주장을 경청하면서 추궁적인 진술을 줄이도록 한다. 감정이 격해진 경우라면 시원한 음료 한잔을 권하거나 잠시 휴식을 취하는 것도 좋은 방법이다. 다만 상대방이 일부 진실해 보이더라도 비위행위에 대한 혐의가 불확실하다는 점을 미리 언급할 필요는 없다.

자신이 실제로 비위행위를 저지른 경우 진술인은 감정적으로 격하게 부인하기보다 무고함을 설명함으로써 조사자를 설득하려 하는 경향이 있다. 이 경우 조사자는 추궁의 시나리오를 적절하게 바꾸어가면서 조사자의 이해를 구하려 하는 행동을 차단한다. 설득할 수 없을 것이라 생각한 진술인이 추후에 입장을 바꾸어 감정적으로 격해지더라도 조사자는 입장을 바꾸지 않고 조사를 계속 진행하려는 모습을 보이는 것이 좋다. 다만 이 경우에도 감정적 충돌을 막기 위해 적절한 휴식 시간을 갖는 것은 괜찮다.

4단계) 반대의 극복

부인의 단계를 거친 진술인은 자신에 대한 혐의가 해소되지 않았다고 판단될 경우 자기를 추궁하는 조사자가 잘못 판단하고 있다는 사실을 설명함으로써 자신의 혐의 없음을 다시 입증하려 한다. 이 단계를 '반대'라고 하는데, 진술인이 무고한 경우 잘 나타나지 않는 단계이다. 무고한 진술인은 이미 전 단계의 부인 상황에서 자신의 무고함에 대해 충분히 대응했다고 생각하기 때문이다. 조사자는 피의자가 반대하는 경우 논쟁하려 하지 말고 동의 또는 이해의 표현을 해주면서 대응하는 것이 좋다. 이후 반대의 의미를 뒤집고 화제로 돌아가서 조사를 계속 한다.

5단계) 주의 도출과 유지

앞선 과정에서 자신의 혐의를 부인하고 화제를 돌리려 했으나 모두 실패한 경우 진술인은 조사자의 화제를 무시하는 전략을 사용하게 된 다. 대표적인 예로 "변호사를 선임하여 대응하겠다"거나 "더 이상 조 사에 응할 이유가 없으므로 그만하겠다" 등의 진술회피성 발언들이 있 다. 이런 징후가 보일 때 조사자는 상대방의 관심과 주의를 환기하는 방법으로 조사가 원활하게 이루어질 수 있도록 해야 한다. 이때 효과 적인 방법 중의 하나는 진술인과의 대면 거리를 자연스럽게 좁히는 것 이다. 갑작스럽게 진술인의 앞으로 의자를 앞당기는 행동은 오히려 진 술인의 심리적 압박감을 높일 수도 있는데, 이 과정을 위해서 최초에 진술인과 대면하는 거리를 약간 멀게 가져가는 것도 좋은 방법이다. 종이에 핵심 화제를 그려가면서 조사를 진행하는 방법도 진술인의 관 심을 끌어내는 데 도움이 된다.

6단계) 상대방의 우울 달래기

비위행위를 실제로 저지른 진술인이라면 단계를 거치면서 현 상황을 피해갈 수 없다는 것을 인지하고는 낙담하고 우울해한다. 조사자는 상대방이 위와 같은 심리적 반응을 보이는 경우 다음 단계로의 진행을 위해 진술인의 마음을 이해한다는 식으로 대화를 이끌면서 진술인이 비위행위를 시인할 준비가 되었는지 면밀히 관찰한다.

7단계) 양자택일적 질문의 제시

비위행위 사실을 시인할지 말지 고민하는 진술인의 부담을 덜어주기 위해서 선택 가능한 두 가지의 질문을 던져주는 단계다. 두 가지 중 어느 것을 선택하더라도 결국 비위행위의 일정 부분에 대해서는 시인할 수밖에 없는 구조로 질문을 설계하는 것이 중요하다. 진술인은 이미 심리적으로는 자신의 범죄에 대해 시인한 상태이므로 질문하는 과정에서 상대를 압박할 필요까지는 없으며, 스스로 답변하도록 기다려주는 것이 좋다. 필요한 경우 진술인의 말에 맞장구를 쳐주기도 하고 책상을 가볍게 친다든지, 고개를 끄덕이는 등의 제스처를 통해 상대를 이해하고 있음을 어필하자.

8단계) 최초의 시인과 구두자백

양자택일적 질문을 통해 진술인이 어느 정도 비위행위에 대해 시인한 경우 이제는 전체 비위행위 사실에 대해 털어놓을 수 있도록 유도해야 한다. 진술인은 아직도 비위행위에 대한 처벌이나 징계에 대한 두려움으로 사건 전체에 대해 자백하는 것을 꺼릴 수도 있다. 진술인이 일단 범죄를 인정하면 조사자는 "그래서요?" "그다음에는요?" 와 같은 질문을 통해서 최대한 긴 답변을 유도한다.

　9단계) 자백의 서면화

　조사를 마무리하기에 앞서 진술인이 구두자백한 내용을 문서로 남기는 과정이다. 구두로 자신의 비위행위를 자백했다 할지라도 회사측이 진술인을 형사고발하거나 손해배상청구 등을 하는 과정에서 자신의 자백이 협박에 의한 것이었다고 주장할 수도 있고, 자백한 사실 자체를 부인할 수도 있다. 서면으로 기록된 진술은 구두진술보다 법정에서 유용하게 활용된다.

제4절
진술서 작성 기법

    내부감사 과정에서 면담 또는 조사를 수행하는 경우 구두진술 내용을 문서로 남기는 과정을 거치게 된다. 물론 서면으로 된 진술서를 징구하기 이전에 본 장의 앞에서 소개한 면담과 조사 기법을 통해 최대한 많은 내용의 진술을 확보하는 것이 더 중요하다. 진술서는 면담 과정에서 대상자와 면담이 종료된 후 구두로 진술한 내용이나 추가로 진술하고 싶은 내용에 대해 자필 진술서를 받는 경우와, 조사가 진행되기 전에 미리 문답서를 작성하여 진술인에게 작성을 요구하는 경우가 있다. 이하에서는 신술서를 징구하게 되는 상황별로 작성 방법과 유의할 점에 대해 알아보고자 한다.

    면담의 경우 진술서에 별도로 갖추어야 할 양식은 없다. 개방형 질문을 통해 진술인은 화제가 되고 있는 사건에 대해 본인이 알고 있는 것을 대부분 진술했을 것이고, 진술서는 단순히 이를 다시 확인하는 의미가 크기 때문이다. 회사별로 진술서의 양식은 갖추고 있을 것이나 참고인에게 진술서 양식을 제공하고 작성을 요청할 경우 본인이 비위 행위에 연루되어 있어서 진술서 작성을 요구받는다고 생각할 수 있으므로 면담 과정에서 징구할 진술서는 가급적 백지로 제공하는 것이 좋다. 법정에 제출하거나 회사 내부적으로 활용하게 될 경우 상기 진술서를 회사 양식에 맞추어 보완하도록 한다. 또한 연필이 아닌 볼펜을 제공하는 것이 좋은데, 진술인이 작성 과정에서 거짓 진술을 하는 경우 어떤 단어를 써야 될지 고민하는 경우가 많기 때문이다. 볼펜으로 쓰고 삭선을 그은 내용을 확인하거나 폐기한 종이를 확인해보는 것도 도움이 될 수 있다.

조사의 경우 진술서로 증거를 남기는 방법은 조사 전후로 나눌 수 있다.

조사를 시작하기 전에 조사자는 비위행위가 의심되는 진술인에게 지금까지 수집한 증거를 바탕으로 문답서를 작성하여 간단한 질문에 답하는 형태의 진술서 작성을 요청하게 된다. 이러한 진술서 징구의 목적은 진술서의 답변을 토대로 추후 조사의 방향을 설정하기 위함이다. 문답서는 진술인에게 미리 알려주지 않고 조사의 시작 단계에서 제공하는 것이 좋다. 진술인이 미리 자신의 혐의에 대해 부인하거나 거짓 진술에 대해 고민할 시간을 주지 않기 위함이다. 다만 문답서를 제공한 이후에는 충분한 시간을 주고 작성하도록 한다. 진술인이 작성하는 데 얼마나 시간을 썼는지, 진술을 번복하기 위해 재작성한 경우는 없는지 체크해두었다가 조사에 활용할 수도 있다. 진술서는 최대한 조용한 공간에서 혼자 작성할 수 있는 환경을 만들어주도록 한다.

수사기관 등에서 피의자를 신문할 때는 일차적으로 구두로 신문을 모두 마친 후에 별도로 시간을 할애하여 이전까지 진술한 내용에 대해 확인해가며 진술서를 작성하게 된다. 하지만 내부감사 환경에서 비위행위가 의심되는 대상자를 조사할 때는 수사기관처럼 별도로 진술서 작성을 위한 시간을 확보할 수 없는 경우가 많다. 이 경우 조사자는 2인 1조가 되어 1인은 진술인과 대화하면서 조사를 수행하고, 다른 1인은 둘의 대화를 들으면서 진술서를 작성하는 역할을 하는 것이 바람직하다. 단, 조사의 집중도가 떨어지지 않도록 조사는 1인이 주도해서 진행하고, 진술서를 작성하는 사람은 조사 과정에 직접 개입하는 것을 지양하는 것이 좋다. 진술서 작성을 완료하면 완성된 진술서를 진술인에게 확인시킨 후 수정 보완하고 이를 1부 출력하여 진술인에게 자필 서명을 받는다. 진술서를 작성하는 사람은 진술인이 확인할 진술서 작성 이외에도 조사자와 진술인의 대화를 유심히 관찰하면서 진술인의 표정 변화나 태도 등을 별도로 기재할 필요가 있다.

제1절
포렌식의 활용 분야

수사기관

국내에서 가장 오랜 시간에 걸쳐 활발하게 포렌식의 토대를 구축해온 곳은 수사기관이다. 1980년 군 기관 및 중앙정보부(현 국가정보원)에서 전자정보를 수집하는 활동을 최초로 시작하였으며, 이후 1997년에 경찰청이 컴퓨터범죄수사대를 신설하였다. 2008년에는 대검찰청이 디지털포렌식센터를 신설하면서 본격적으로 포렌식을 활용한 수사가 실무에 도입되었다. 이후 기술, 장비, 인력 등 제반 인프라가 발전함에 따라 포렌식 수사 기법은 더욱 고도화되었으며, 사회에서 일어나고 있는 각종 사건·사고의 법적 증거를 확보하는 데 중요한 역할을 하고 있다. 또한 2016년에는 '디지털 포렌식으로 수집한 자료를 법적 증거로 활용할 수 있다'는 내용을 골자로 한 형사소송법 개정이 있었다.

인터넷 포털 사이트에 '포렌식'을 키워드로 검색하면 포렌식으로 해결된 사건 기사가 다수 검색된다. 본서에서는 수많은 기사 중 사건 해결에 대한 내용이 아닌, 내부감사 전문인력들에게 동기부여의 메시지를 전달해주는 내용을 인용하고 그 의미를 함께 고찰해보도록 하겠다.

'잘나가는' 형사부 검사의 비결은 무엇일까

　　문재인 정부 검찰개혁의 주요 과제인 검·경 수사권 조정을 앞두고 검찰은 직접수사를 담당하는 특수·공안부 보다는 경찰 수사지휘와 고소·고발 사건을 주로 맡는 형사부 위상 강화에 나섰다.

　　승진인사에서 특수·공안·기획 검사들에 밀려 박탈감이 컸던 형사부 검사들의 사기를 진작시켜 검찰 본연의 기능을 회복하자는 게 검찰개혁의 시작이기 때문이다.

　　문무일(56) 검찰총장도 취임 이후 형사부 근무경력이 전체 검사경력의 3분의 1에 못 미치면 부장검사 승진을 제한하겠다고 공언했다. 앞으로 형사부 업무와 거리를 뒀던 검사들도 성과를 내야지만 미래를 보장 받을 수 있게 된 셈이다.

　　그렇다면 '잘 나가는' 형사부 검사들의 비결은 무엇일까? 지난 8월 검찰에서 포상을 받은 형사부 우수검사의 사건처리 과정에 답이 있다. 이들은 진술을 의심하고, 디지털 포렌식(디지털 증거자료의 수집·분석)을 잘 활용했다는 공통점이 있다. 그 결과 경찰 수사결과를 뒤집고 진범을 밝히거나, 경찰이 미제로 남긴 사건을 해결하기도 했다.

울산지검 형사2부 변준석(38·42기), 이평화(33·43기) 검사는 경찰이 진범으로 지목한 피의자와 주변 참고인 진술을 의심하는 데서 출발해 우수 검사로 뽑혔다. 경찰은 지난 4월 성매매 업소 소유주로 장모(34)씨를 지목한 뒤, 단순 범행 가담자 김모(35)씨와 함께 불구속 기소 의견으로 검찰에 송치했다. 하지만 이들이 연인관계라는 점에서 서로 말을 맞췄을 가능성을 의심한 검찰은 휴대폰 디지털 포렌식으로 삭제된 문자 등을 복원해 이들의 역할이 바뀌었다는 사실을 알아냈다. 통화내역과 계좌추적 등을 통해 김씨도 주범이 아니고 '바지사장'이란 점을 밝히고, 실소유주를 알아내 도주한 그의 뒤를 쫓고 있다. 두 검사는 각자 맡은 성매매업소 사건의 증거분석 결과와 수사상황도 적극 공유해 공통된 실소유주가 누군지 밝혀낸 것이다.

신영삼(35·40기) 대구지검 영덕지청 검사는 디지털 포렌식으로 경찰이 무혐의 처분한 피의자의 혐의를 찾아냈다. 사건은 김모(50)씨가 누나(53)에게 4,000만원을 빌려줬다고 주장하는데, 누나는 돈을 빌린 적이 없다고 맞서면서 시작됐다. 김상동 수사관은 차용증 외엔 물증이 없는 수사결과를 의심하면서 김씨 누나 휴대폰의 디지털 포렌식 결과를 분석했다. 결국 삭제됐던 녹음파일과 문자 등에서 김씨 및 김씨 측근의 참고인 진술과는 상반되는 내용이 나왔고, 김씨는 차용증을 허위로 꾸몄다고 자백했다. 신 검사는 김씨 누나가 '처벌 원하지 않는다'고 밝히자, 남매간에는 사기 혐의에 친고죄가 적용되는 점을 감안해 김씨를 '공소권 없음' 처분하고, 대신 사문서 위조 혐의를 적용해 벌금형으로 약식 기소했다. 김씨가 누나에게 사과하면서 남매는 서로 민사소송도 취하했다.

서지현(44·33기) 창원지검 통영지청 검사는 2007년 8월 25일과 26일 여관에서 다방 여성 종업원 2명을 각각 감춰둔 흉기 등으로 위협해 52만원을 갈취한 미제사건을 해결했다. 진범의 유전자정보(DNA)가 경기 화성시 골프클럽 종업원 정모(34)씨와 일치한다는 분석결과를 8월 24일 대검으로부터 통보 받았다. 서 검사는 정씨의 강도상해 혐의 공소시효가 완료되는 이날 경찰에 수사공조를 요청했고, 정씨가 화성시에서 경남 통영시로 오는 사이 피해자에게 확인한 뒤 정씨의 구속영장을 청구했다. 서 검사는 25일 정씨 신병을 인도 받아 구속함으로써 공소시효 완료 직전에 범인을 검거했다. 정씨는 지난 3월 자신이 노래를 부를 차례에 노래방 여성직원이 기기를 꺼버린 데 격분해 술병으로 피해자를 내리 친 혐의(특수상해)로 기소돼 유죄가 확정되면서 수사기관이 정씨의 DNA 검사를 실시했다.

　문무일 총장은 이들처럼 형사부 우수검사를 매달 선정해 포상하고, 수시로 포상을 확대할 방침이다.(한국일보 2017. 10. 7)

　위 기사에서 주목할 점은 두 가지다. 첫째, 우수 검사로 포상을 받은 검사들 중 다수가 형사부 소속이다. 둘째, 이들의 공통점은 사건을 해결하는 데 포렌식 수사 기법을 효과적으로 활용했다는 점이다. 혹자는 포렌식 내부감사가 기존의 내부감사와는 전혀 다른 분야이거나 또는 IT 관련 부서의 업무라고 오해하기도 한다. 그러나 기사 내용을 통해 우리는 기존의 수사 기법에도 능통한 검사가 환경의 변화에 따른 증거 원천의 변화를 인지하고 포렌식을 수사에 적절하게 활용해서 사건을 해결했다고 유추해볼 수 있다. 기업의 경우도 마찬가지다. 포렌식은 내부감사의 근본적인 패러다임을 바꾸는 것이 아니다. 또한 IT 및 정보보안 부서에 국한된 업무도 아니다. 포렌식은 각기 다른 분야인 감사와 IT 기술의 융합을 통해 숙련된 내부감사인의 조사 능력을 획기적으로 강화시킬 수 있는 혁신적 도구다.

감독기관

국내의 수많은 감독기관들도 2010년 무렵부터 관리감독 업무를 강화하기 위해 포렌식 조사 기법 개발에 착수하였다. 이후 현재에 이르기까지 첨단장비 도입 및 전문인력 확충을 통해 포렌식을 이용한 조사 업무 활동이 지속적으로 강화되는 추세다. 감독기관은 수시기관과 달리 기업의 일반적인 활동과 밀접하게 연관되어 있다. 십수 년째 거론되고 있는 공정거래위원회의 전속고발권 폐지 공방도 최근 갑론을박이 더욱 거세지고 있다. 전속고발권은 공정거래법 관련 사건에 대해 공정거래위원회만 검찰고소가 가능한 제도다. 이 같은 사회적 분위기 속에서 내부감사 조직은 준법감사(compliance)를 통해 기업의 자정 노력을 극대화할 필요가 있다.

[표] 기업 활동과 밀접한 주요 감독기관의 포렌식 활동

기관명	주요 수행 업무	포렌식 활동
국세청	내국세의 부과·감면 및 징수에 관한 사무 관장	• 빅데이터 분석을 통한 탈세 패턴 분석 • 조사대상자가 고의로 삭제 및 은닉한 전산자료 복원
금융감독원	금융기관의 건전성 확보, 공정한 시장질서 확립, 금융소비자 보호	주가조작 등 자본시장 불공정거래 조사
공정거래위원회	독점규제 및 공정거래에 관한 법률에 규정된 주요 사항과 이 법에 위반되는 사항에 대한 결정과 처분에 앞선 심의와 의결	• 디지털 기기 압수 후 내부문서, 메신저를 분석하여 담합(cartel) 증거 확보 • 조사대상자가 고의로 삭제 및 은닉한 전산자료 복원
관세청	수출입 통관 질서 관리를 통한 국가 재정수입 확보, 밀수 단속을 통한 국내 산업 보호	• 빅데이터 분석을 통한 탈세 패턴 분석 • 디지털 정보를 활용한 사이버 불법거래 단속
고용노동부	고용과 노동에 관한 사무 관장	• 악성 부당노동행위 사업장 압수수색 시 디지털 기기 압수 후 포렌식 분석

국내 산업계의 포렌식 활용 현황

국내 산업에서 포렌식이 활용되는 분야는 매우 다양하며 계속적으로 새로운 분야가 출현하고 있다. 포렌식 활용 분야는 크게 조사 업무, 소송 업무, 정보보안 업무로 범주를 구분할 수 있다. 조사 업무는 부정조사, 기업가치평가 등을 의미하며, 소송 업무에는 대표적으로 전자증거개시제도(e-Discovery)가 있다. 정보보안 업무는 정보 유출, 침해사고 등에 대한 대응 업무가 있다. 본서에서는 내부감사 업무와 연관성이 높은 조사 업무 분야에 대해 상세히 기술하고, 소송 업무 및 정보

보안 업무는 기본 개념만 소개하도록 하겠다.

조사 업무는 크게 부정 조사와 기업가치평가로 구분된다. 부정 조사는 기업에서 조직 내 비리행위가 접수된 경우 또는 기업단위 및 특정 부서 진단이 필요하다고 판단될 때 의뢰한다. 2016년 미국 공인부정 조사관협회(ACFE)의 발표에 따르면, 기업의 비리 중 약 39.1%는 제보에 의해 적발되었다고 한다. 이는 제보가 비리의 적발 및 예방에 가장 효과적임을 보여주는 통계자료다. 또한 실제 다양한 기업의 내부감사 업무를 진행하면서 제보를 바탕으로 하는 조사가 일반적인 진단과 비교해서 상대적으로 용이하다고 느낀 적이 많다. 따라서 기업은 우

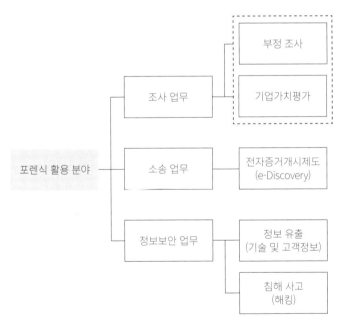

[표] 국내 산업 포렌식 활용 분야의 구분

선적으로 제보를 활성화시킬 수 있는 방안을 강구할 필요가 있다. 국내에도 많은 기업이 제보자의 신분 보호를 강화하기 위해서 외부 제보 채널을 운영하는 등의 실질적인 노력을 하고 있다. 하지만 외부 제보 채널이 갖고 있는 장점에도 불구하고 제보자 보호라는 측면에서 그 취약점을 완벽히 제거하는 것은 현실적으로 어렵다. 이는 사회구성원의 전반적인 인식 변화가 수반되어야 하는 문제다.

그렇다면 제보가 없는 상황에서 기업 내 비리행위를 어떻게 적발할 수 있을까? 특정되지 않은 대상을 무차별적으로 조사할 경우 분석할 데이터의 양이 기하급수적으로 증가하므로 사람이 수작업으로 분석하는 것은 불가능하다. 이 경우 포렌식을 활용한 내부감사가 해결의 실마리가 될 수 있다. 실제 기업단위 및 특정 부서 진단을 수행한 경험에 비추어봤을 때, 의뢰인이 전혀 상상도 하지 못한 임직원의 비리행위가 발견된 경우가 대다수였다. 특히 실무에서 기업단위 및 특정 부서를 진단하는 경우 조사 목적이 부정 적발에 국한되지 않으며, 기업의 윤리와 경영목적에 반하는 각종 부조리한 행위 및 불합리한 조직문화 등을 찾아내는 것도 동시에 진행되는 것으로 이해하면 된다.

기업가치평가는 기업이 인수합병을 추진하는 과정에서 인수 대상 회사의 가치를 평가하는 업무다. 미국의 100대 회계법인에서 발표한 자료에 따르면, 포렌식 관련 서비스 중 기업평가 업무가 43%로 가장 높은 비중을 차지하고 있다. 사려고 하는 쪽은 적정한 대가를 지불하고 싶은 반면 팔고자 하는 쪽은 비싸게 팔고 싶어 한다. 여기에서 발생하는 입장 차이로 인해 인수 실사 시 적정한 대가를 산정하기 위한 접근방법으로 포렌식 조사 기법은 매우 유용하게 활용될 수 있다. 그러나 국내에서는 인수 실사 시점에서 포렌식 조사가 이루어지는 사례를 아직 본 적이 없다. 인수 실사는 주로 회계법인의 재무실사와 법무법인의 법률실사로 이루어진다. 백화점에 옷을 고르러 간 손님이 옷을 한번 입어보는 것은 가능하다. 그런데 옷의 원단을 믿을 수 없으니 세탁을 한번 해보겠다고 하면 점원에게 쫓겨날 것은 불 보듯 뻔한 일이다. 즉, 인수를 검토하는 시점에서 포렌식 조사가 이루어지는 것은 국내에서는 아직 어려운 실정이다. 기업을 인수하는 것은 옷을 고르는 것과는 비교할 수 없을 만큼 복잡하고 중대한 문제다. 그래서 사전적 실사의 단점을 보완하기 위해 인수 합병이 이루어진 이후 발생하는 분쟁의 사후 조정이 가능하도록 양 당사자가 조정기간을 합의한다. 이러한 사후 과정을 지원하는 업무를 PMI(Post-Merger Integration, 합병 후 조정 서비스)라 한다. PMI 과정에서 수행되는 포렌식 조사는 인수된 기업의 우발채무 누락 등 분식회계 적발, 내부 통제 미비점 파악, 기존 임직원의 비리행위 발견 등에 매우 효과적이다. 기업 인수합병 시장에서는 기업 간 직접 인수합병 외에도 사모펀드(PEF)가 비약적으로 성장해왔다. 최근에는 국내 대형투자은행(IB)의 등장이 임박하고 있다. 이로 인해 기업 인수합병시장에서 포렌식 조사 업무의 역할은 점차적으로 증대될 것으로 예상된다.

전자증거개시제도(e-Discovery)는 재판 과정에서 양측이 서로의 디지털 증거를 사전에 공개하는 제도로, 주로 기업 간 특허소송 등에서 활용된다. e-Discovery는 증거 보존이나 증거 개시 의무를 이행하지 않을 경우 패소 판결까지 받을 수 있는 강력한 규정이다. 최근 지적재산권 관련 특허소송에서 국내 피소기업의 이메일 삭제에 대해 관할 미국법원이 약 6,500억원의 배상판결을 내린 바 있다. 현재 미국, 영국 등이 본 제도를 운영하고 있으며, 국내에서는 도입 논의가 진행 중이다. 그러나 특허권 분쟁 등은 국경이 없기 때문에 국내 e-Discovery 산업시장도 규모가 계속적으로 확대되는 추세다.

정보보안 업무는 크게 기술 및 고객정보 유출과 해킹 침해 사고로 구분된다. 포렌식 내부감사인은 기업의 극비 기술 및 고객정보가 유출된 경우 유출자의 의도와 무관하게 남겨지는 일종의 디지털 잔상 흔적인 아티팩트 등을 분석해서 범죄자를 색출한다. 또한 해커에 의하여 회사의 전산 시스템 및 서버가 침해받은 경우 원상 복구와 재발 방지를 위한 각종 대응책을 마련하는 업무를 수행한다.

제2절
다가올 미래의
포렌식 변화 양상

빅데이터

빅데이터란 무엇인가? 빅데이터라 하면 막연히 '방대한 정보'라는 개념이 떠오를 것이다. IDC에서 발간한 'Data Age 2025'의 발표 내용에 따르면 2025년까지 전 세계 데이터의 양은 163ZB(제타바이트)까지 증가할 것이라 한다. 163ZB는 500GB(기가바이트) 용량의 사각형 하드디스크를 포개어 쌓으면 지구에서 달까지 약 1만 2,000번 왕복할 수 있는 양이다. 빅데이터를 용량의 크기로 나누는 명확한 기준은 없으나, 기본적으로 큰 용량의 데이터로 이해하는 것에 무리는 없어 보인다. 빅데이터의 공통적 기본 속성은 앞에서 언급한 크기 외에 속도와 다양성을 포함해서 3가지로 구성된다. 속도는 생성된 데이터가 저장되어 시각화되는 과정이 얼마나 빠르게 이뤄져야 하는지에 대한 중

전 세계 데이터 영역 연도별 용량 추이(출처: IDC's Data Age 2025 Study)

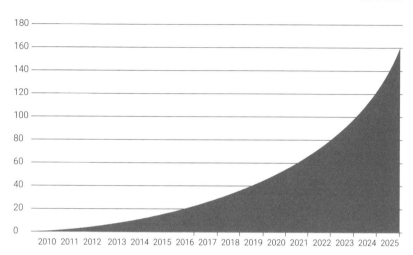

요성을 나타낸다. 다양성은 정형데이터뿐 아니라 사진·오디오·동영상·SNS·로그파일 등과 같은 다양한 형태의 데이터를 포함하는 것을 말한다.

그렇다면 우리 주변에 기하급수적으로 쌓여가는 빅데이터는 그 자체로 모두 유용한 것일까? 학자들의 대다수는 축적되는 데이터의 대부분을 불필요한 정보로 구분한다. 심지어 빅데이터를 '쓰레기더미' 또는 '지혜의 쓰레기통'에 비유하기도 한다. 다시 말해서 방대한 정보의 수집 그 자체만으로는 아무런 효용가치가 없다. 오히려 저장공간의 낭비일 뿐이다. 결론적으로 빅데이터는 수집된 정보를 세부적으로 분류하고 패턴 분석을 통해 유용한 정보로 변환해주는 것까지를 의미한다.

빅데이터는 정리정돈이 잘 되어 있는 도서관에 비유할 수 있다. 무수히 많은 책이 원천 데이터라면, 책을 최소문자 단위로 쪼개어 연관성이 높고 의미가 있는 단위로 분류해서 언제든 필요한 정보를 찾아볼 수 있도록 가지런히 정리해 놓은 상태가 빅데이터다.

　미래의 내부감사에서 빅데이터의 활용가치는 무엇일까? 전체 빅데이터와 비교해서 기업이 수집하는 정보는 상대적으로 유용한 정보로 구성될 개연성이 높다. 기업은 정보의 수집 단계부터 무작위 수집이 아니라 목적 및 방향이 어느 정도 설정되어 있기 때문이다. 그러나 빅데이터를 실제 활용하기 위해서는 빅데이터 플랫폼을 구축하는데 큰 비용이 소요된다. 따라서 기업의 빅데이터 구축 및 활용이 내부감사에 초점이 맞추어지기는 현실적으로 어렵다. 현재 산업계에서 빅데이터가 가장 활발히 이용되는 분야도 주로 영업과 마케팅 분야다. 물론 기업의 데이터는 조직 경험의 집합체이자 역사이므로 영업과 마케팅 분야 외 부정행위 신호를 적발하는 영역으로 확장될 가능성은 열려 있다. 그러나 가능성을 현실화하기 위해선 빅데이터와 스몰데이터 간 교배가 필요할 것으로 예상된다. 스몰데이터의 일반적 정의는 개인의 취향이나 필요, 건강상태, 생활양식 등 사소한 행동에서 나오는 정보다. 본 서에서는 스몰데이터를 '내부감사 조직의 축적된 업무 경험정보가 디지털화된 상태'라는 의미로 사용하였다. 기존의 내부감사는 개인의 직관과 역량에 의존하는 경향이 강한 편이다. 그러다 보니 비슷한 사례를 조사하는 경우에도 조사하는 사람이 바뀌면 새로운 방식으로 접근하기도 하고, 때로는 조사의 결과가 달라질 수 있다. 다가올 미래에는 기업의 모든 자료가 전산화될 것이며, 성공적인 내부감사를 위해서는 전산화된 자료를 잘 활용하는 것이 중요해질 것이다. 따라서 내부감사인은 부정 적발 경험에서 얻은 정보를 데이터로 관리하고 특정 패턴을 파악하여 기업의 빅데이터와 융합시킬 수 있는 방법을 모색해나가야 한다.

클라우드

클라우드(cloud)는 '구름'을 뜻한다. 클라우드는 인터넷과 연결된 중앙컴퓨터에 접속해서 장소 및 시간의 제약을 받지 않고 데이터를 이용할 수 있는 시스템이다. 최근에 마이크로소프트·IBM·구글·아마존·알리바바 등 글로벌 대기업이 본격적으로 클라우드 서비스 시장에 뛰어들면서 클라우드가 종종 신기술로 오인되는 경우도 있다. 그러나 클라우드는 이미 수십 년 전부터 존재하던 기술이 최근 비즈니스 성장으로 주목을 받고 있는 것이다. 빅데이터는 무수하게 많은 책이 최소단위로 정리정돈되어 있는 전자도서관에 비유할 수 있다. 이 개념에 이어서 설명하자면, 클라우드는 어마어마한 크기의 가상 도서관에 해당한다. 보관할 책의 양이 많지 않다면 개인 서재에 보관이 가능하다. 하지만 수천억 권의 책이라면 어떻게 이 방대한 양을 관리할 것인가? 빅데이터의 상용화가 가능하기 위해서는 빅데이터 플랫폼이 필요하다. 클라우

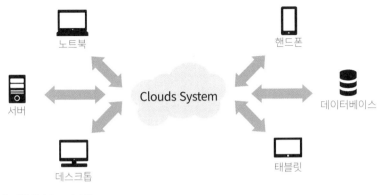

[그림] 클라우드 시스템

드는 이를 가능하게 해주는 대표적인 빅데이터 플랫폼에 해당한다. 빅데이터 플랫폼에는 다양한 형태가 존재할 수 있으나, 현재의 기술 수준에서는 클라우드가 가장 유력한 수단이다.

미래에 산업 전반에 걸쳐 클라우드 시스템이 일반화될 경우 내부감사 환경에 미치는 영향은 무엇일까? 현재 포렌식 내부감사를 하기 위해서는 물리적 장치(컴퓨터 등)를 직접 수거해야 한다. 이로 인해 이미징(복제) 작업이 주로 야간에 이루어지는 경우가 많으며, 작업이 진행되는 동안 조사대상자가 컴퓨터를 사용할 수 없는 불편함이 있다. 또한 제출 선 저장 정보의 임의적 파기, 원본 데이터 손상 등의 위험도 있다. 이러한 단점들이 때로는 기업 내부감사 조직의 포렌식 감사 기법 도입을 망설이게 만드는 결정적 요인으로 작용하기도 한다. 클라우드 환경에서는 개인별 물리적 장치가 존재하지 않고 모든 정보는 중앙 컴퓨터에 저장되기 때문에 앞에서 언급한 단점들을 효과적으로 제거

해줄 것으로 기대된다. 한편, 현장에서 포렌식 내부감사 업무를 수행하면서 동시에 분석 환경을 구축한 최대 컴퓨터 대수는 약 400대 수준이었다. 그러나 이조차 장비의 버벅거림 때문에 엄청나게 애를 먹었던 기억이 있다. 만약 포렌식 장비와 분석 프로그램이 클라우드 상에서 구현된다면 포렌식 장비의 기술적 한계가 야기하는 용량과 속도의 문제는 사라질 것으로 예상된다.

AI[*]

2016년 3월 9일 알파고와 이세돌 9단의 세기적 대결을 통해 인공지능이 일반 대중에게도 널리 알려지기 시작했다. 이세돌 9단의 충격적인 패배로 인해 사람들은 이제 곧 인공지능이 인간의 영역을 대체하기라도 할 것마냥 들뜨기 시작했다. 과연 그럴까?

인공지능(Artificial Intelligence)은 사람처럼 생각하고 문제를 해결하는 하드웨어나 소프트웨어, 또는 그 혼합물을 말한다. 인공지능 연구가 본격적으로 시작된 계기는 1956년 다트머스학회(The Dartmouth Summer Research Project on Artificial Intelligence)가 열린 시점으로 거슬러 올라간다. 인공지능의 기본 개념에 비추어봤을 때, 60여 년이 지난 지금 시점에서 인공지능의 수준은 여전히 인간의 기대치에는 한참 못 미치는 것 같다. 알파고가 인간과는 비교조차 할 수 없는 컴퓨

---

* 바둑으로 읽는 인공지능[감동근, 2016 동아시아]

터 연산처리 능력을 이용해서 천재 바둑기사를 꺾은 것은 분명 엄청난 일이다. 그렇다고 해서 알파고가 인간처럼 의지를 갖고 스스로 바둑을 둔 것은 아니다. 또한 알파고가 장기나 글쓰기 등 다른 분야에서도 인간을 뛰어넘을 수 있음을 의미하는 것 역시 아니다. 그럼에도 알파고의 등장은 인공지능이 나아갈 미래 방향을 보여주는 역사적 의미를 갖는 사건이었다. 알파고는 바둑 사이트 유저들의 기보에서 추출된 수천만 건의 바둑돌 착점을 학습했다. 수천만 건의 정보는 빅데이터에 해당한다. 이세돌 9단과 대국 당시 알파고의 두뇌에 해당하는 슈퍼컴퓨터는 대국이 벌어지던 대한민국 서울이 아닌 미국 중서부 지역에 있었다. 1만㎞ 이상 떨어진 곳에서 실시간으로 바둑의 수를 예측한 슈퍼컴퓨터는 클라우드에 해당한다. 다시 말해서 빅데이터와 빅데이터 플랫폼(클라우드)은 인공지능이 존재하기 위한 전제조건이다.

그렇다면 인공지능은 어떻게 구현되는 것일까? 인공지능 접근 방식은 대표적으로 머신러닝(기계학습)과 딥러닝(심층학습)이 있다. 머신러닝은 대량의 데이터를 분석한 후 패턴을 인식해서 예측하는 방식이다. 이 과정에서 발생하는 오류와 실수를 스스로 학습해서 정확도를 높여가기도 한다. 딥러닝은 머신러닝의 수준을 한 차원 올려놓은 것으로, 인간 두뇌신경망을 모방한 방식이다. 데이터 간 상관관계를 분석하며, 이렇게 생성된 지식은 다른 데이터에도 적용이 가능하다. 또한 처리하는 데이터의 양이 많아질수록 예측의 정확성도 높아지는 특징을 가지고 있다. 알파고는 딥러닝 접근 방식을 이용한 인공지능의 대

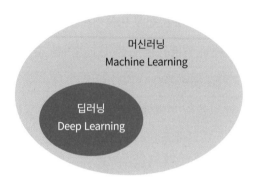

[그림] AI, 머신러닝, 딥러닝의 관계(출처: steemit.com)

표적 사례다.

인공지능이 내부감사 환경에 가져올 수 있는 미래의 변화에는 어떤 것이 있을까? 감사는 사람의 직관력과 통찰력이 중요하게 작용하는 영역이다. 따라서 인공지능 알고리즘에서 사람과 동일한 수준의 추리 사고를 재현하는 것은 현실적으로 불가능한 일에 가까워 보인다. 그럼에도 컴퓨터는 인간과 비교했을 때 대량 정보의 신속한 연산처리 능력에 엄청난 강점을 가지고 있으므로, 인공지능을 내부감사에서 활용할 수 있는 가능성은 열려 있다. 현실적으로 내부감사를 통해 축적된 업무 노하우의 양은 제한적이다. 또한 부정행위 적발 건은 공유되기 꺼려지는 정보의 성격으로 인해 특정한 중앙센터로 모이기도 힘들다. 그러므로 내부감사에 인공지능을 활용하는 방안으로 대량의 데이터가 필요한 딥러닝 방식을 적용하는 것은 상당히 어려워 보인다. 그렇다면 머신러닝은 어떨까? 현장에서 약 8,500대의 PC를 분석하고 결과를 도출하는 과정에서 상당수의 부정비리 행위는 수집된 디지털 정보 간에 일정한 패턴을 갖고 있다는 사실을 발견할 수 있었다. 따라서 머신러닝 방식을 적용해서 내부감사 프로그램에 특정한 패턴을 설정한 후 지속적으로 추가, 갱신, 오류 수정 등의 과정을 거친다면, 사람이 처리해야 되는 업무의 상당 부분을 기계가 밤새 쉬지 않고 신속하게 해내는 것이 가능해질 것이다. 이로 인해 내부감사 조직은 사람의 장점이 최대한 발휘되는 영역인 직관적 추리사고와 면담조사 등에 집중할 수 있을 뿐만 아니라, 지금과는 비교할 수 없을 만큼 많은 양의 내부감사 결과물을 산출하는 것이 가능해질 것이다. 요약하자면, 인공지능은 내부감사인이 더욱 효과적이고 방대한 감사 활동을 하는 것이 가능해지도록 도와줄, 성실함과 정확함으로 무장한 훌륭한 조수다.

뇌공학[*]

오늘날 뇌공학의 가장 대표적인 측정수단은 fMRI(functional magnetic resonance imaging)다. fMRI는 뇌의 혈중산소농도 차이를 자기장의 변화로 측정한 후 해석하는 방법이다. fMRI는 루게릭병 등 신체의 일부 감각만 가진 환자들이 외부와 의사소통하는 데 활용될 수 있다. 이 기술이 발전된 미래에는 책상 위 키보드가 자취를 감추게 될지도 모를 일이다. 기업이 신제품을 출시하기 전 수행하는 선호도 조

---

[*] 뇌를 바꾼 공학 공학을 바꾼 뇌[임창환, 2015 MID]

사에 fMRI가 활용된다면, 조사의 신뢰도를 대폭 높일 수 있을 것이다. 앞에서 인공지능의 접근 방식 중 인간의 뇌를 모방하는 방식으로 딥러닝에 대해 살펴보았다. 그렇다면 뇌는 어떤 방식으로 사고하는 것일까? 사람의 뇌에는 1,000억 개 이상의 뉴런(신경세포)이 있고, 뉴런의 연결 부위에 해당하는 시냅스가 100조 개 이상인 것으로 알려져 있다. 인간의 뇌에 정보가 입력되면 뉴런과 시냅스 간의 무한한 상호작용을 통해서 결과값이 출력된다. 딥러닝의 강화학습을 통해 인공지능 알고리즘이 무수히 확장된다면 인간의 사고와 비슷한 결과값을 얻을 수도 있다. 하지만 현재의 기술로는 인간의 뇌보다 훨씬 단순한 딥러닝의 경우에도 최종 결과값만 볼 수 있을 뿐 결과의 도출 과정을 해석하는 것이 불가능하다. 한편, 컴퓨터 시스템은 데이터를 처리하는 곳(CPU)과 데이터를 저장하는 곳(메모리)이 물리적으로 분리된 구조다. 그에 반해 인간의 뇌는 정보의 처리와 저장이 시냅스에서 동시에 이루어진다. 이러한 차이점도 인공지능이 인간의 뇌를 완벽히 모방하는 데 커다란 장애물이다. 따라서 차세대 인공지능은 IT 기술과 뇌공학이 유기적으로 융합된 토대 위에서 등장할 수 있을 것으로 예상된다.

미래에 뇌공학이 내부감사에서 활용될 수 있는 대표적 영역은 거짓말탐지기다. 최초의 거짓말탐지기는 1895년 이탈리아의 범죄학자 체사레 롬브로소(Cesare Lombroso)에 의해 발명되었다. 초기의 거짓말탐지기는 인간이 거짓말을 할 때 심장박동, 동공, 혈압, 호흡 등에서 나타나는 변화를 측정하는 방식으로 고안되었다. 뇌가 사고하는 과

정보   입력   출력   행동

사고

[그림] 뇌의 사고 과정

정을 '정보 입력-사고-행동 출력' 3단계로 구분했을 때 이 방식은 주로 행동 출력 부분을 관찰하는 방식이다. 행동 출력을 관찰하는 방식의 거짓말탐지기는 반응을 통제할 수 있게 훈련된 자 앞에서는 무용지물이다. 또한 측정의 정확성도 떨어지는 편이다. 현대의 거짓말탐지기는 fMRI 방식을 도입하여 거짓말을 할 때 반응하는 뇌의 변화를 직접 측정하는 수준으로 발전했다. 뇌의 변화는 인간이 통제하기 어려운 분야이므로 탐지의 정확성 측면에서 탁월한 방법이다. 미국의 신경과학자이자 세포스(Cephos)의 경영자인 스티븐 레이큰(Steven Laken)은 fMRI 거짓말탐지기의 정확도가 97%라고 발표한 바 있다. 미국 샌디에이고에 위치하고 있는 '노라이(No-Lie) MRI' 라는 회사는 의처증이나 의부증으로 갈등을 겪고 있는 남녀에게 fMRI 서비스를 제공하고 있다. 그러나 이 서비스를 이용하기 위해서는 1회에 약 600만원의 비용을 지불해야 한다. 높은 비용, 3%의 오류 가능성, 윤리적 문제로 인해 fMRI 거짓말탐지기가 내부감사에 도입되는 것은 아직 시기상조다. 그럼에도 앞에서 언급한 한계요인이 완화될 수 있다면 면담 등 내부감

사 분야에서 fMRI 거짓말탐지기가 효과적으로 활용될 가능성은 열려
있다.

제3절
다가올 변화에 대처하는
우리의 자세

추진 중인 프로젝트

포렌식 조사를 하기 위해서는 '디스크 이미징' 작업이 필요하다. 앞에서 설명한 것처럼 디스크 이미징은 하드디스크 등 저장매체를 원본과 완전 동일한 상태로 복제하는 것이다. 현재 디스크 이미징 도구로 가장 많이 사용되는 장비는 '도시어' '팔콘' '미디어이미저'가 있다. 이미징 작업은 보통 하드디스크 1개 기준으로 1~4시간가량 소요된다. 이미징 속도는 원천에 해당하는 하드디스크의 성능에 좌우되는 측면이 크기 때문에 속도를 개선하는 방법에는 한계가 있다. 현재 많이 사용되고 있는 장비 중 가장 최근에 나온 '미디어이미저'의 경우도 동시에 복제 가능한 하드디스크는 4개 정도다. 이러한 단점을 보완하기 위해 행복마루는 디스크 이미징 장비 개발 프로젝트를 추진 중이다. 개발 중인 장비는 최대 8대의 하드디스크를 동시에 이미징하는 것이 가능하다. 또한 웹 서버 환경 구축, UX 기반 기능 및 인터페이스 기능을 추가하여 실제 장비를 사용하는 유저의 실질적인 편의를 강화하는 작업을 진행 중이다.

현재 포렌식 조사 시 가장 많이 사용되고 있는 검색도구는 Guidance Software사의 EnCase와 Accessdata사의 FTK다. 포렌식 검색도구에서 가장 핵심에 해당하는 기능은 '키워드 검색'이다. 이를 보통 자연어 검색이라고 한다. '자연어'란 인간이 일상적으로 사용하는 언어를 뜻한다. 이와 대치되는 개념으로 컴퓨터가 사용하는 언어를 '인공언어'라 한다. 앞에서 언급한 두 프로그램은 영미권에서 개발된 프로그램으로 언어가 알파벳 베이스로 구성되어 있다. 따라서 한글을 기반으로 조사를 수행하는 경우 불필요한 검색 결과가 다수 검출된다. 현재 포렌식 조사 기법은 일종의 반자동화 개념이다. 즉 포렌식 도구를 이용하지만 검출된 자료의 해석은 인간의 몫이다. 따라서 불필요한 검색 결과의 검출은 감사 효율성을 떨어뜨리는 결과를 가져온다.

이러한 결정적인 단점을 해결하기 위해 행복마루는 현재 포렌식 검색엔진 개발 프로젝트를 추진 중이다. 본 프로젝트에서는 우선적으로 프로그램의 한글 인식 기능을 강화하여 검색의 효율성을 대폭 강화시키는 작업을 하고 있다. 한편, 외국계 프로그램은 비용이 상대적으로 비싸다. 규모가 큰 대기업과 달리 중소기업의 경우 비용의 문제가 포렌식 감사기법 도입에 제약으로 작용할 수 있다. 비교적 내부통제가 잘 갖추어진 대기업보다 중소기업에서 내부감사의 기능이 오히려 더욱 절실함에도 말이다. 또한 현재의 포렌식 검색도구는 개별 분석용 컴퓨터 단위로 사용이 이루어진다. 이는 분석 환경을 준비하는 시간 측면에서 비효율성을 야기할 뿐 아니라 조사를 수행하는 팀원 간에 적시적인 공유가 잘 이뤄지지 않아서 중복업무 수행 등 단점을 발생시킨다. 본 프로젝트는 팀원 간의 실시간 공유를 통한 시너지 효과의 극대화를 위한 부가기능을 대폭 강화할 예정이다. 그리고 장기적으로 인공지능시대에 대한 대비의 일환으로 포렌식 감사도구에 내부감사인의 업무 노하우가 자동으로 데이터베이스화되고 활용 가능하도록 머신러닝의 도입을 연구 중이다.

내부감사인의 자세

미국의 경제지 〈포춘(Fortune)〉이 선정한 '세계 최고의 리더 50인' 중 한 명인 피터 디아만디스(Peter Diamandis)는 "미래를 예측하는 가장 좋은 방법은 스스로 미래를 만드는 것"이라고 했다. 인간이 어떻게 신의 영역에 해당하는 미래를 예측할 수 있을까? 우선, 미래의 범위를 나에게 당면한 범위로 한정할 필요가 있다. 우리는 3장에서 포렌식 기법이 내부감사에서 효과적으로 활용되는 사례를 살펴보았다. 이를 통해 현재의 내부감사 환경이 과거와는 다르게 IT 기술이 접목되었으며 이미 현장에서 뿌리를 내려가고 있음을 확인하였다. 그리고 6장 2절에서는 인공지능 등 미래의 기술에 대해 함께 살펴보았다. 사람들의 기대와 열망의 산물인 인공지능 등 첨단 기술은 다가올 미래의 내부감사 환경을 전반적으로 변화시킬 독립변수다.

세상의 모든 변화에는 과정이 존재한다. 호출 기능만 있었던 '삐삐'에서 통화 기능이 추가된 '피처폰'을 거쳐 오늘날 인간의 삶에 수많은 변화를 가져온 '스마트폰'이 등장했다. 이미 등장한 지 십수 년이 지난 포렌식에 '첨단' 또는 '미래'라는 수식어를 사용하기엔 무리가 있어 보인다. 통신기기에 비유하자면 포렌식은 피처폰의 자리쯤에 위치하는 것 같다. 하지만 피처폰이 있었기에 오늘날 스마트폰이 존재하는 것처럼, 내부감사에 있어 포렌식은 모든 정보가 디지털화되어가는 머지않은 미래의 변화에 대비하는 출발점이다. 실제 현장에서 기업의 임직원보다 사전 정보가 다소 열위임에도 깊숙하게 숨어 있는 부정행위를 적발했던 경험을 통해 느낀 점이 있다. 만약 포렌식 기법을 기업의 내부감사인이 활용할 수 있다면 이는 외부감사인의 역량을 뛰어넘는 강력한 도구가 될 것이라는 점이었다. 이는 사전지식이 풍부하고 정보에 접근이 용이한 내부감사인에게 조사 대상을 세밀하게 관찰할 수 있는 현미경을 제공해주는 것과 비슷한 것이다.

개인적으로 최고의 컨설팅이란 보기에 그럴싸한 두꺼운 보고서를 남기고 떠나는 것이 아니라 컨설팅 업체의 DNA를 이식해주고 기업 고유의 토양 위에서 임직원들이 이를 지속적으로 배양해나갈 수 있도록 도와주는 것이라 생각한다. 내부감사업계에 종사하는 일원으로서

지식의 공유와 미래에 대한 준비를 통해 향후 내부감사의 역할 및 위상이 더욱 증대되기를 기대한다. 아울러 본 주제를 통해 각자가 직면하고 있는 업무 환경에서 다가올 미래는 무엇일까 생각해 보는 시간이 되기를 바란다.

REFERENCE CASES ──────────────

행복마루가 지난 7년간 제공해온 디지털 포렌식 기반 내부감사 서비스에서
산출된 주요 참조 사례는 다음과 같습니다.

임직원의 업무상 배임

임원이 개인적으로 차명의 공급업체를 설립하고, 실질적인 공급업체와 회사
와의 중간에서 '통행세'를 취하여 회사에 수년간 손해를 끼친 행위 적발

인수 후, 전 오너의 횡령/자료 조작 발견

피인수 회사에 대한 전반적인 감사를 통해, 전 오너 일가의 회사 자금 횡령 내
역을 체계적으로 정리하여 보고하고, 인수 전 제시하였던 자료의 조작을 발견
하여 법적 조치에 활용하도록 제공

계열사의 전반적 회계분식

최고경영자가 설정한 매출목표를 달성하기 위하여, 계열사 전반적으로 매출/
매입을 동시에 부풀리기 위해 편법을 동원한 사실과 실제 회계장부에 대한 분
식이 반영되어 있음을 보고

업체 선정 과정에 대한 특혜

구매 담당 임원이 비교 견적을 위하여 협력업체들로부터 견적서를 모두 접수
한 후 특정 업체에 제공, 가장 유리한 가격을 기재하도록 하여 해당 업체로부
터 부당한 금전과 접대를 수취한 행위 적발

자재를 고가/허위 구매하여 리베이트 수수

구매담당자가 거래처와 공모하여 고가/허위 내역을 기재하도록 하고 구매대
금을 과다 지출한 후 거래처로부터 부당한 금전과 접대를 수취한 행위 적발

계열사 전체 대상 감사를 통해 부당한 조직문화 적발

임직원 간 상납, 갑질, 부당한 금전거래, 성비위, 부서별 경비와 같은 공금 부
당 사용 등 일상적 감사로는 파악하기 어려운 그릇된 조직문화 적발